Moritz Schularick

DER ENTZAUBERTE STAAT

Was Deutschland aus der
Pandemie lernen muss

C.H.Beck

© Verlag C.H.Beck oHG, München 2021
www.chbeck.de
Umschlaggestaltung: Konstanze Berner, München
Satz: C.H.Beck.Media.Solutions, Nördlingen
Druck und Bindung: Druckerei C.H.Beck, Nördlingen
Gedruckt auf säurefreiem und alterungsbeständigem Papier
(hergestellt aus chlorfrei gebleichtem Zellstoff)
Printed in Germany
ISBN 978 3 406 77782 0

myclimate
klimaneutral produziert
www.chbeck.de/nachhaltig

Inhalt

Vorwort 7

I. Einleitung 9

II. Vater Staat in der Krise 21

III. Das Land der begrenzten Möglichkeiten 35

IV. Wirtschaft und Gesundheit 55

V. Warp Speed 77

VI. Das zweite Mal als Farce 99

VII. Therapie 117

Anmerkungen 133

VORWORT

Dieses Buch entstand aus einer Reihe von Vorträgen, Zeitungsbeiträgen und Interviews zur Corona-Pandemie. Es hat sehr von meiner Mitarbeit in der Leopoldina-Kommission zu den ökonomischen Konsequenzen der Pandemie und von den Aufsätzen profitiert, die ich als Mitherausgeber der Zeitschrift «Economic Policy» begleitet habe. Von den beteiligten Kolleginnen und Kollegen habe ich viel gelernt. Das Buch enthält den Blick eines Ökonomen auf die Pandemie, der ein Experte für Wirtschaftskrisen ist, aber kein Virologe oder Epidemiologe.

Ein großer Teil des Buches wurde mit einigem Abstand zur Situation in Deutschland während eines Forschungsaufenthalts in New York geschrieben, also in einem Land, das anfänglich große Probleme mit der Pandemie hatte, dann aber seine enormen Kräfte mobilisiert hat wie kaum ein anderes. Wie unterschiedlich die Krisenerfahrung in beiden Ländern in den verschiedenen Phasen der Pandemie war, spricht deutlich aus den Zeilen dieses Buches.

Mein Dank für ihre Unterstützung und kritische Anmerkungen gilt Gustav Oertzen, Victoria Camblin, Simon Denny, Tobias Krampen, Alexander Kriwoluzky, Gernot Müller, Peter Rogowicz und Renate Austermann, Christian Ryther, Yasemin Soytas, Rosemarie Schularick, Christoph Trebesch, Nina und Oliver Wegscheider und ganz besonders Emma Enderby. Ich möchte zudem Sebastian Ullrich vom Beck-Verlag ganz herzlich danken, der nicht nur den Impuls gab, sondern das Projekt mit großer Tatkraft und ebenso großem Sachverstand begleitete.

New York, im Mai 2021

I. EINLEITUNG

Ist das die Generalprobe?
Bruno Latour

Die Kritik am deutschen Staat und seiner Leistungsfähigkeit war in der Corona-Pandemie außerordentlich scharf. Der Wissenschaftliche Beirat des Bundeswirtschaftsministeriums diagnostizierte «Strukturen, Prozesse und Denkweisen, die teilweise archaisch anmuten», und scheute sich nicht, in einem offiziellen Gutachten von «Organisationsversagen» zu sprechen.[1] Unionsfraktionschef Ralph Brinkhaus rief nach 16 Jahren Regierungsverantwortung seiner Partei zur Revolution auf, wobei man davon ausgehen darf, dass er damit keinen Regierungswechsel meinte. Die Virologin Melanie Brinkmann sprach von einer «intellektuellen Beleidigung», die britische «Financial Times» von der «Lachnummer Deutschland».[2] Für Gabor Steingart herrschte in Deutschland ein «epidemisches Versagen»[3], und YouTuber Rezo sah «Arbeitsverweigerung» und «Wissenschaftsfeindlichkeit».[4] Michael Halleg, Leiter der Intensivmedizin der Uniklinik Köln, brachte seine Kritik an der deutschen Corona-Politik bei Anne Will nüchterner, aber umso wirksamer auf den Punkt: «Viele Menschen leiden und sterben, ohne dass es nötig wäre.»

War diese Kritik nur ein (zu) lautes Aufregen, der Angst und Verunsicherung in der Pandemie geschuldet? Ist es einfach so, wie es Minister Jens Spahn ausdrückte, dass ein paar Fehler gemacht worden sind und wir uns am Ende alle viel verzeihen müssen? Oder dass «im Großen und Ganzen», wie Kanzlerin Angela Merkel formulierte, doch alles gut gelaufen sei? Wo gehobelt wird, da fallen eben Späne. Am Ende der Pandemie wird Deutschland, wenn nichts Unvorhergesehenes mehr geschieht, trotz allem im internationalen Vergleich mit relativ niedrigen Opferzahlen durch die Pandemie kommen. Auch die Impfkampagne nahm im April an Fahrt auf, Deutschland wird mit etwa zwei Monaten Rückstand auf die Spitzenreiter die rettende Ziellinie der Herdenimmunität erreichen. Alles halb so schlimm. In einer globalen Pandemie kann schließlich nicht alles auf Anhieb klappen.

Wenn dem so wäre, dann bräuchte es dieses Buch nicht. Es gab zwar nicht nur Schatten, aber eben auch nicht besonders viel Licht. Insgesamt erinnerte die Performance eher an einen grauen Berliner Novembertag. Selbst wenn wir am Ende mit einem blauen Auge davonkommen, müssen wir verstehen, warum Deutschland durch die Krise gestolpert ist und was wir tun können, damit Staat und Gesellschaft in Zukunft krisenfester werden. Denn neue Herausforderungen werden kommen.

Der französische Philosoph Bruno Latour sieht in der Pandemie die «Generalprobe» für die kommenden Krisen im Zuge des Klimawandels und seiner komplexen Konsequenzen für Umweltsysteme, Gesellschaften und politische Ordnungen.[5] Irreversible Eingriffe in den Ökohaushalt des Planeten werden nicht nur zu weiteren Naturkatastrophen, Pandemien und Dürren führen, sondern auch zu Migrationswellen und politischen Konflikten zwischen und innerhalb von Gesellschaften.[6] Enorme politische und ökonomische Herausforderungen kommen auf uns zu, für die Corona nur der Probelauf war. Mehr als jemals zuvor werden wir in Zukunft die Fähigkeit brauchen, mit diesen Schwierigkeiten umzugehen. Die Fußball-Weisheit von Sepp Herberger gilt insofern in abgewandelter Form auch hier: Nach der Krise ist vor der Krise.

Die Generalprobe ging teilweise daneben, und dieses Buch

fragt nach dem Wie und Warum. Es zeigt, was sich ändern muss, wenn wir bei den kommenden Herausforderungen besser reagieren wollen. Dabei geht es aus ökonomischer Perspektive nicht nur um die Schwächen des staatlichen Krisenmanagements und deren Ursachen. Auch aus gesellschaftlicher Sicht war der Testlauf holprig, und neue Risse sind sichtbar geworden. Es gab zwar Engagement, Rücksichtnahme und Solidarität. Aber es ist bisher nicht erkennbar, dass ein gerechter Ausgleich der Lasten zwischen Jung und Alt stattgefunden hat. Das Virus war vor allem eine Gefahr für die Alten, aber die Kosten der Pandemie trugen die jüngeren Generationen in Form von Doppelbelastung, Einkommensverlust, Jobunsicherheit und Schulausfall, während Rentner und Pensionäre finanziell ohne Einbußen durch die Krise gekommen sind. In der Zukunft werden die Jungen nicht nur zusätzliche finanzielle Belastungen, sondern auch die Kosten des Bildungsausfalls zu tragen haben. Auch andere gesellschaftliche Konfliktlinien taten sich auf. Als Jürgen Habermas in den 1980er Jahren von der «neuen Unübersichtlichkeit» sprach, hat wahrscheinlich nicht einmal er geahnt, wie viel unübersichtlicher die Welt 30 Jahre später sein würde. Dass bei sogenannten Querdenker-Demos Neonazis mit Reichskriegsflaggen Seite an Seite mit Regenbogen-Flaggen schwenkenden Hippies und Anthroposophen demonstrierten, sagt viel über die politische Unübersichtlichkeit der Situation aus. Auch gesellschaftlich gab uns die Pandemie einen Vorgeschmack auf künftige Ungewissheiten.

* * *

In Krisen zeigt sich, wie Staat und Gesellschaft mit unerwarteten Situationen umgehen. Sie sind ein Lackmus-Test für die Leistungsfähigkeit und Reaktionsfähigkeit, eine Art Stresstest für das Gemeinwesen. Konfrontiert mit einem unerwarteten Schock zeigt sich, wie gut das System auf die Herausforderung reagiert. Wie bei einer Maschine, die plötzlich unter Hochdruck arbeitet, wird deutlich, wo das Material Risse zeigt, die Dichtungen versagen und das Öl heraussprudelt. Es sind Momente, in denen es keine Anleitung zum Handeln gibt, in denen Handlungsalternativen unter Zeitdruck gegeneinander abgewogen werden müssen. Sie setzen Verwaltungsroutinen und das Institutionensystem unter Druck, auf die neuen Herausforderungen zu reagieren, ohne dass es eine Betriebsanleitung gibt. Deutschland tat sich schwer in dieser Situation. Es stand damit natürlich nicht allein, andere Länder hatten ebenfalls Probleme und machten Fehler. Aber können wir uns zurücklehnen, nur weil andere zum Teil schlechter agiert haben?

Zunächst brauchen wir dazu eine Diagnose, welche Teile der Maschine stotterten und was krisenfest war. Deutschland hat zwei unterschiedliche Pandemien erlebt. Eine erste Phase vom März 2020 bis zum Sommer, in der sich das Land relativ gut und erfolgreich geschlagen hat. Es konnte sich dabei weitgehend auf seine alten sozialstaatlichen Institutionen aus der Nachkriegs-Bundesrepublik verlassen. Natürlich lief nicht alles rund, aber das Gesundheitssystem hielt dem Ansturm des Virus stand und die Kurzarbeitsregelungen federten die Folgen für den Arbeitsmarkt ab. Der Finanzminister machte Konjunkturpolitik wie in den 1960er Jahren und stabilisierte die Wirtschaft. Probleme gab es dort, wo der Sozialstaat Lücken hat: bei den kleinen Selbständigen, den Künstlerinnen und Künstlern sowie den Kulturschaffenden. Aber alles in allem funktionierte das System. Die sozialstaatlichen Institutionen wirkten als zuverlässige Schockabsorber. Im Sommer 2020 schaute die Welt auf Deutschland und seinen Sozialstaat als Erfolgsmodell.

Aber schon ein halbes Jahr später war nur noch wenig Selbstzufriedenheit übrig. Die Untätigkeit des Sommers und Herbstes rächte sich. In der zweiten Phase der Krise ab dem November traten die Defizite deutlich zutage. Die Grenzen der Leistungsfähigkeit der Verwaltung, die mangelnde Digitalisierung, vor allem aber die Probleme bei der politischen Entscheidungsfindung waren unübersehbar. Zwar funktionierten Sozialstaat und Gesundheitssystem weiter, aber in der zweiten Phase schoben sich Fragen des aktiven staatlichen Handelns, der Planung und Risikoabwägung in den Vordergrund. Die Politik musste flexibel agieren und neue Lösungen finden, teilweise musste der Staat wie bei der Impfstoffproduktion und -beschaffung auch selbst ins Risiko gehen und unbekannte Wege beschreiten. Prioritäten mussten definiert, Strategien entwickelt und in einem sich rasch ändernden Pandemie-Umfeld dynamisch umgesetzt werden. Und hier liefen die Dinge im Großen und Ganzen nicht rund.

Der Staat war operativ nicht gut aufgestellt, den Verwaltungen und Ämtern fehlte es an Ausstattung und Organisationskraft, es mangelte an Testzentren, Computern und Software. Dem Staat fehlte auch die Wissensinfrastruktur in Form von Daten, Prozessen und Institutionen, in denen ein produktiver und geordneter Austausch zwischen Politik und Wissenschaft auf der Basis aktueller Informationen stattfinden konnte. Talkshows, die mehr und mehr zum geistigen Mittelpunkt der öffentlichen Debatte avancierten, waren dafür kein Ersatz. Es fehlte auch die Flexibilität im Denken und Handeln, um mit einer Ausnahmesituation umzugehen, für die es keine Betriebsanleitung gab. Die Ursachen hierfür liegen tief.

Vor gut 30 Jahren prägte der kürzlich verstorbene Soziologe Ulrich Beck den eingängigen Begriff der «Risikogesellschaft». Im Jahr des Reaktorunfalls von Tschernobyl argumentierte er in seinem gleichnamigen Buch, dass moderne Gesellschaften im Zuge des ökonomischen, technischen und wissenschaftlichen Fortschritts zunehmend Risiken produzieren: Umweltverschmutzung, Erderwärmung, industrielle Risiken wie in Tschernobyl, ein immer komplexeres und störungsanfälligeres globales Wirtschafts- und Finanzsystem. Für Beck ist die moderne Welt dadurch gekennzeichnet, dass als Nebenprodukte des Fortschritts immer neue Risiken entstehen. Wir verstehen das und leben mit diesem Wissen. Wenn ein Risiko eintritt, wenn die Pandemie durchs Land zieht, dann sind wir wiederum auf Wissenschaft und Technik angewiesen, um die Auswirkungen zu managen. Wir müssen die Ausbreitung von Radioaktivität oder von Viren verstehen und in den Prozess eingreifen. Das wiederum birgt neue Risiken. So dreht sich das Risiko-Karussell immer weiter.

Die Covid-Pandemie hielt sich an das Drehbuch der Risikogesellschaft. Beck wurde zu Recht als «wichtigster Intellektueller der Pandemie» bezeichnet.[7] Das Aufkommen des Covid-19- bzw. SARS-CoV-2-Virus in China war zu einem guten Teil auf menschliche Eingriffe in die Natur zurückzuführen und insofern eng mit der Urbanisierung im chinesischen Wirtschaftswunder verbunden. Auch die globale Ausbreitung des Virus durch Interkontinentalflüge und die schnelle Übertragung in dicht besiedelten Großstädten hatte mit dem technischen und ökonomischen Fortschritt zu tun. Die globale Verflechtung von Wirtschaft und Menschen hat neue Risiken produziert – in diesem Fall die rasche Ausbreitung eines potentiell tödlichen Virus.

Dank der modernen Wissenschaft wurden bereits wenige Monate nach dem Ausbruch der Pandemie die ersten Impfstoffe entwickelt, die das Virus stoppen können. Ohne Zweifel ein Triumph der Wissenschaft. Aber diese Impfstoffe brachten auch wieder neue Risikoabwägungen: Sollte man einen Impfstoff anwenden, der bei 10 von 1 Million Menschen zu schweren Komplikationen führt, wenn gleichzeitig der Impfschutz viel mehr Menschen vor der Infektion bewahrt? Sollte man die Vakzine auch Bevölkerungsgruppen geben, für die noch keine Daten vorlagen, wie Schwangere, Alte und Kinder?

In der Risikogesellschaft findet sich der Staat in einer neuen, komplexen Rolle als Risikomanager wieder. Er muss etwa die Risiken für die Gesundheit und die Risiken für die Wirtschaft gegeneinander abwägen. Er muss handeln, obwohl die Unsicherheit groß ist. Letzte Sicherheit hat man nicht. Man muss sich mit Wahrscheinlichkeiten begnügen. Eine ähnliche Situation gab es schon in der ersten großen Krise des 21. Jahrhunderts, der Wirtschafts- und Finanzkrise von 2008. Die Risiken gingen damals von einem hochkomplexen und eng verflochtenen internationalen Finanzsystem aus, in dem Entwicklungen auf dem US-Immobilienmarkt zu massiven Schieflagen von Banken in Düsseldorf, Dublin und Dubai führten. Ein immer komplexeres System hatte eine unvorhergesehene Dynamik produziert. Damals wie heute führte die Reaktion auf die erste Krise zu neuen Risiken: Erst wurden Banken mit Staatsgeldern gestützt, um die Volkswirtschaften vor den Konsequenzen von Bankenzusammenbrüchen zu retten. Wenig später brachte die Bankenrettung einige Staaten selbst in Schwierigkeiten, was zu neuen Interventionen führte.

In der Pandemie wurde der Staat zu einem proaktiven Risikomanager, der auf der Grundlage von unsicherem Wissen einen Weg durch die Krise finden musste. Sollte man große Teile der Bevölkerung zunächst nur einmal impfen, um die Ausbreitung zu stoppen, obwohl die Zulassungsstudien des Impfstoffs eine zweimalige Impfung vorsehen? Oder erstmal nur besonders gefährdete Gruppen, obwohl das die Ausbreitung nicht wirksam verlangsamt? Oder auch: Ist ein kurzer, aber extrem scharfer Lockdown mit dem Ziel, die Inzidenz fast auf null zu bringen, ökonomisch und sozial sinnvoller als der Versuch, «mit dem Virus zu leben»?

Für seine Rolle als Risikomanager, so die Kernthese dieses Buches, ist der deutsche Staat bislang schlecht gerüstet. Deutschland, seine Institutionen und seine Politiker sind insofern noch nicht in der Risikogesellschaft angekommen. In der Pandemie führten Schwächen in der Risikoeinschätzung und der Entwicklung von Strategien wiederholt zu Problemen: Dies betrifft den mangelnden Einsatz ökonomischer Expertise etwa bei Fragen der Impfstoffbeschaffung und Vertragsgestaltung, aber auch Fehleinschätzungen bei Lockdown-, Test- und Impfstrategien. Im Rückblick waren viele der Entscheidungen nicht optimal, wie wir sehen werden. Wenn es sich um Einzelfälle handelte, würde es ausreichen, zu erklären, was jeweils schieflief. Aber es gibt ein Muster, das auf ein tieferliegendes Problem hindeutet. Wir brauchen eine andere organisatorische und intellektuelle Infrastruktur, um mit künftigen Herausforderungen besser umzugehen. Vater Staat braucht ein Upgrade. Er braucht bessere Daten und eine bessere Vernetzung mit der Wissenschaft. Er braucht auch ein anderes Mindset: mehr Dynamik, den Willen zum Handeln und das Selbstvertrauen zu erkennen, dass manchmal auch unkonventionelle Lösungen zum Erfolg führen können.

Wir sind nicht gut auf das vorbereitet, was auf uns zukommt. Das ist vielleicht das größte Problem, das die Krise offenbart hat. Die Enttäuschung und der Vertrauensverlust in die staatliche Leistungsfähigkeit kommen zur Unzeit. Wie soll ein Staat, der es in einem Jahr nicht schafft, Lüfter in Klassenzimmer seiner Schulen einzubauen, den komplexen ökologischen Umbau der gesamten Volkswirtschaft steuern und neue Konzepte für Mobilität, Wohnen und Energie begleiten und durch Investitionen fördern? Wie den richtigen Ordnungsrahmen dafür setzen, dass das Land die Chancen der Digitalisierung nutzt, wenn in den Amtsstuben noch die Faxgeräte surren?

Ohne einen leistungsfähigen und krisenfesten Staat werden wir weder den Klimawandel noch die Herausforderungen der Digitalisierung meistern. Dabei geht es nicht um mehr oder weniger Staat oder um einen Neodirigismus, sondern um einen stärkeren und kompetenteren Staat mit einer leistungsfähigen Verwaltung und einer besseren Verzahnung von Wissenschaft und Politik. Wirtschaftshistoriker wissen, dass der Aufbau von Staatskapazität, der Fähigkeit des Staates, für Infrastruktur, öffentliche Güter und Planungssicherheit zu sorgen, die zentrale Voraussetzung für den Beginn modernen Wirtschaftswachstums in der industriellen Revolution war und ein wichtiger Wettbewerbsfaktor ist. Dies wird bei der anstehenden zweiten Revolution, der ökologischen Transformation der Volkswirtschaft, nicht anders sein. Mit einem nur «bedingt einsatzbereiten» Staat ist unser künftiger Wohlstand in Gefahr. Die Pandemie war ein Probelauf für die Herausforderungen der Zukunft. Die Generalprobe ist misslungen, aber das gibt uns die Chance, aus den Fehlern zu lernen. Gerade deshalb sind die Lehren der Pandemie so wichtig.

***

Der Weg durch dieses Buch sieht wie folgt aus: Das zweite Kapitel beschreibt die Entzauberung des Staates, die in der Corona-Zeit zu beobachten war, und den daraus resultierenden Vertrauensverlust in das staatliche Krisenmanagement. Deutschland stolperte durch die Krise. Aber nicht nur die Defizite staatlichen Handelns sind deutlich sichtbar geworden. Gleichzeitig haben wir hautnah erlebt, wie sehr wir in Krisen auf staatliche Steuerung angewiesen sind. Die Frage, die sich stellt, ist nicht die alte Konfliktlinie von mehr oder weniger Staat, sondern die nach Leistungsfähigkeit und Kompetenz.

Im dritten Kapitel geht es um den Rückgang der staatlichen Leistungsfähigkeit und dessen ökonomische Ursachen. Die Probleme in den Ämtern und Behörden, aber auch der Rückstand bei der Digitalisierung und die wachsende Bürokratisierung kamen nicht über Nacht, sondern waren schon seit langem bekannt. Geschehen ist zu wenig. Modernisierung und Investitionen blieben aus. Die Pandemie hat diese Schwächen schonungslos und für alle sichtbar bloßgestellt: Im 21. Jahrhundert muss man eine exponentiell wachsende Bedrohung durch ein Virus nicht mehr mit Faxgeräten bekämpfen. Diese Defizite in der Leistungsfähigkeit des Staates und die Stagnation der öffentlichen Investitionsausgaben werfen die Frage nach den ökonomischen Ursachen auf und rücken insbesondere die Politik der «schwarzen Null» und der Schuldenbremse in den Fokus. Natürlich zwingt die Schuldenbremse den Staat nicht dazu, Investitionen in Digitalisierung und Modernisierung der Verwaltung zu vernachlässigen. Sie zwingt ihn nur, derartige Ausgaben aus laufenden Steuereinnahmen statt mit Schulden zu finanzieren. Daran allein hat es sicher nicht gelegen. Aber es ist eben auch möglich, dass Politikerinnen und Politiker in einer alternden Gesellschaft Anreiz haben, kurzfristig populäre Ausgaben, etwa Rentenerhöhungen oder andere Wahlgeschenke, langfristig sinnvollen Zukunftsinvestitionen vorzuziehen. Wichtiger als der Kulturkampf um die Schuldenbremse ist auch hier Pragmatismus. Entscheidend ist, dass es in den nächsten Jahren zu mehr öffentlichen Investitionen kommt.

Das vierte Kapitel thematisiert die Probleme bei der Verzahnung von Wissenschaft und Politik, die in der Pandemie deutlich wurden. Insbesondere geht es um den ökonomischen Irrtum, dass die Politik in der Pandemie in einer Zwickmühle zwischen Wirtschaft und Gesundheit saß: Was gut war für die Gesundheit, war schlecht für die Wirtschaft – und andersherum. So klar gab es diesen Gegensatz in den Köpfen der Politikerinnen und Politiker, aber nicht in der Realität. Denn die Menschen änderten vor allem aus Angst vor dem Virus ihr Verhalten, nicht nur wegen staatlicher Auflagen. Der überwiegende Teil der ökonomischen Kosten der Pandemie geht auf solche Verhaltensänderungen zurück – und nicht auf staatlich verordnete Maßnahmen. Das heißt auch, dass eine starke Reduktion der Inzidenzen kurzfristig kaum größere ökonomische Auswirkungen hatte als eine halbherzige Reduktion, mittelfristig aber größere Spielräume ermöglicht hätte. Diese Einsicht hat es nicht – oder zumindest nicht rechtzeitig – in die politische Debatte geschafft. Dies war der wahrscheinlich folgenschwerste Fall von Nicht-Kommunikation zwischen Politik und Wissenschaft in der Pandemie, aber es war nicht der einzige.

Das fünfte Kapitel handelt von der mangelnden Führungsstärke, der Verzagtheit und Schwerfälligkeit in der Krise, vor allem bei der Beschaffung von Impfstoff und der Koordination bei der Herstellung. Trotz ihrer traditionellen Skepsis gegenüber Staatsinterventionen haben uns die USA und Großbritannien vorgemacht, dass der Staat erfolgreich sein kann, wenn er für die Gesellschaft wichtige «Missionen» in Angriff nimmt und die Ressourcen des Landes bündelt. Auch Deutschland braucht ein konstruktives Bild von der Rolle des Staates als Risikomanager und Risikoträger, nicht nur, aber auch für die ökologische Neuausrichtung der Wirtschaft.

Das sechste Kapitel warnt, dass wir die Fehler aus der globalen Finanzkrise wiederholen, wenn wir nicht alles daransetzen, dass die deutsche und europäische Wirtschaft mit Volldampf aus der Krise herauswachsen. Die Gefahr besteht, dass wir zu früh auf die Bremse treten. Die Konjunktureffekte staatlicher Investitionspolitik sind auf absehbare Zeit hoch. Eine nachhaltige Erholung auch unserer europäischen Nachbarländer ist im aufgeklärten deutschen Eigeninteresse und gibt uns auch den nötigen Spielraum, um die gesellschaftlichen Lasten und Nachwirkungen der Pandemie gerechter zu verteilen.

Das Schlusskapitel diskutiert die notwendige Therapie, um Staat und Gesellschaft in künftigen Krisen resilienter zu machen. Es diskutiert auch die Legitimationsprobleme, die entstehen können, wenn der ökologische Umbau von Wirtschaft und Gesellschaft zu einem ähnlichen Hindernisparcours wird wie die Pandemie. Investitionen in die Leistungsfähigkeit des Staates versprechen hohe soziale Renditen. Vieles spricht dafür, dass der Staat und seine Leistungsfähigkeit auch für die Transition zu einer nachhaltigeren Form des Wachstums eine zentrale Rolle spielen werden. Wir dürfen daher nicht einfach zur Tagesordnung übergehen, sondern müssen die Lehren aus der verpatzten Generalprobe ernst nehmen.

II. VATER STAAT IN DER KRISE

> Ach, von jenem lebenwarmen Bilde
> Blieb nur das Gerippe mir zurück.
> Friedrich Schiller

Deutschland hat eine besonders innige Beziehung zu Vater Staat. Er ist links und rechts der Mitte beliebt. Als fürsorglicher Sozialstaats-Papa bei den einen, als ordnungsschaffender Obrigkeits-Vater bei den anderen. Der Vater Staat der Bundesrepublik hat seinen Job gut gemacht. Es ist der Staat der sozialen Marktwirtschaft und des Grundgesetzes. Seine stille Kompetenz und regeltreue Verlässlichkeit wurden zu einem zentralen Pfeiler der deutschen Nachkriegsidentität und sind eng verbunden mit dem wirtschaftlichen Erfolg der sozialen Marktwirtschaft nach dem Zweiten Weltkrieg.

Eine Skulptur des Künstlers Thomas Schütte hat die identitätsstiftende Figur des bundesrepublikanischen Vater Staat in Bronze gegossen. Die Skulptur steht normalerweise, wenn nicht gerade wieder einmal gebaut wird, vor der Neuen Nationalgalerie in Berlin. Sie zeigt einen ernsten und würdevollen Mann mit zu großem Kopf. Schüttes Vater Staat ist groß, mehr als vier Meter. Aber Angst macht er einem nicht. In seinem Morgenmantel wirkt er wohlwollend, berechenbar und trotz seiner Größe nicht bedrohlich. Bei genauerem Hinsehen scheint der alte Mann sogar ein wenig hilflos. Tatkraft und Handlungswillen kommen einem als Attribute nicht als Erstes in den Sinn. Seine Arme und Hände sind unter dem weiten Mantel nicht zu erkennen.

Schüttes Skulptur von Vater Staat ist vor einem Jahrzehnt

zur Zeit der globalen Finanzkrise entstanden. Der deutsche Staat scheint für den Künstler damals Macht- und Hilflosigkeit ausgestrahlt zu haben. Aber noch direkter spricht das Kunstwerk heute unsere Erfahrungen in der Corona-Pandemie an. Denn hier ging es nicht um abstrakte Finanzprodukte, mit denen die meisten Bürger am Ende wenig zu tun haben. Diesmal ging es um den Markenkern von Vater Staat, um seine Rolle als fürsorglicher Beschützer, der Schaden von seinem Volk abwendet. Denn der Schutz der Bürger vor äußeren und inneren Gefahren ist nicht irgendeine Staatsaufgabe, sondern diejenige, die am direktesten den Gedanken des Gesellschaftsvertrages in der Tradition von Hobbes, Locke und Co. verkörpert: die Aufgabe von Rechten des Einzelnen zugunsten des Staates, damit dieser im Gegenzug den Einzelnen schützt.

Vater Staat hatte keine gute Pandemie. Er ist zwischendurch viel gescholten worden, weil ihm genau das Gleiche fehlte wie der Skulptur von Schütte: Tatkraft und Stärke. Kanzlerin Angela Merkel unterstreicht oft, dass auf die Europäische Union (EU) weniger als 10 Prozent der Weltbevölkerung und nur ein Viertel des weltweiten Bruttoinlandsprodukts (BIP) entfallen, aber dafür mehr als die Hälfte der globalen Sozialausgaben.[1] Diese Zahlen sind nicht ganz korrekt. Europas Anteil an der Weltwirtschaft liegt zu Marktpreisen zwar bei gut 20 Prozent, aber die Sozialausgaben eher bei 40 Prozent der weltweiten Ausgaben. Dennoch besteht kein Zweifel: Deutschland leistet sich einen großen Staat, und er ist nicht billig. Fast jeder zweite Euro, der im Land erwirtschaftet wird, fließt in der einen oder anderen Form durch öffentliche Hände.

Und fraglos leistet Vater Staat auch viel, indem er existentielle Risiken wie Krankheit, Arbeitslosigkeit und Alter gemeinschaftlich absichert. Nicht auszumalen, wie das Land ohne ein starkes und breit aufgestelltes Gesundheitssystem durch die Corona-Krise gekommen wäre. Aber in der Pandemie kam eine neue Einsicht hinzu: Ein großer Staat ist nicht automatisch ein starker Staat. In der größten Krise der Nachkriegszeit funktionierte dieser Staat nicht immer gut und beschützte seine Bürger nicht so, wie man dies erwartet hatte. Es klafften Lücken in seiner Leistungsfähigkeit. Behörden und Ämter schafften es nicht, Infektionsketten effizient nachzuverfolgen und zu unterbinden. Auch die Impfungen funktionierten lange alles andere als reibungslos. Bürokratisierung und Regelungswut haben aus einem großen Staat in der Krise ein schwaches und in Teilen handlungsunfähiges Staatswesen gemacht.

Aber auch ein zweites Phänomen wurde in der Krise sichtbar. Nicht nur die Leistungsfähigkeit von Behörden und Ämtern war ungenügend, gleichzeitig waren auch die politische Führung des Staates, seine politischen Eliten und zentrale Institutionen dem Druck der Krise nicht immer gewachsen. Für einige Wochen wankte das Land im Frühjahr 2021 mutlos von einer halbherzigen Entscheidung zur nächsten. Der resultierende Vertrauensverlust markiert eine Zäsur im deutschen Verhältnis zum identitätsstiftenden Staat der Nachkriegs-Bundesrepublik, die uns noch beschäftigen wird. Wie wir mit dieser Enttäuschung und der Entzauberung des Staates umgehen, welche Lehren wir aus ihr ziehen, wird unsere Gesellschaft prägen.

* * *

Nicht weit entfernt von Schüttes Skulptur trat am 24. März 2021 die Kanzlerin vor die Hauptstadtpresse. Es lag ein Hauch von Staatsversagen in der Berliner Frühlingsluft. Die Kanzlerin machte den mühsam ausgehandelten Kompromiss zur verlängerten Osterruhe wieder rückgängig. In den frühen Morgenstunden des vorangegangenen Tages hatten sich die Ministerpräsidenten der Länder und die Bundesregierung in einer teils kontroversen Nachtsitzung gerade erst darauf verständigt, mit zwei zusätzlichen Feiertagen das Land über Ostern zu schließen.

Mit der Osterruhe sollte eigentlich die dritte Welle des Virus gebrochen oder doch zumindest ihre Dynamik abgeschwächt werden. So ein ganz echter Lockdown sollte es dann aber auch wieder nicht sein. Denn am Ostersamstag sollten einige Geschäfte wie Supermärkte wieder öffnen dürfen. Doch niemand kam dazu, überhaupt die Frage zu stellen, ob der zu erwartende Ansturm auf die Geschäfte am Ostersamstag die Verbreitung des Virus nicht eher beschleunigen würde. Denn die Kanzlerin sagte das ganze Experiment ab und entschuldigte sich persönlich bei den Bürgern für das Hin und Her. Die Idee der zusätzlichen Osterruhetage ließe sich so nicht verwirklichen. Zu viele Fragen von der Lohnfortzahlung bis zur Lage in Geschäften und Betrieben könnten so schnell nicht geklärt werden.

Die Entschuldigung kam bei der Bevölkerung zunächst sogar gut an. Die «Frankfurter Allgemeine Zeitung» spottete, dass Kanzlerin Merkel für «dieses Spätwerk, in dem sie alle Schuld auf sich nahm», einen Oscar verdient hätte.[2] Endlich wurden Fehler, die für alle mit den Händen zu greifen waren, auch einmal zugegeben und nicht mit Phrasen verdeckt, wie dass im «Großen und Ganzen» alles gut laufe. Merkels Entschuldigung setzte die Ministerpräsidenten unter Zugzwang. Innerhalb von ein paar Stunden rollte eine politische Entschuldigungswelle durchs Land. Selbst das Virus schien für kurze Zeit vergessen. Dabei war weiterhin nichts geklärt. Die Infektionen und Krankenhauseinweisungen stiegen, die Impfungen kamen nicht voran – und das Land hatte keinen Plan, wie es weitergehen sollte. Auf Twitter trendete der Hashtag #Staatsversagen.

Das Debakel zu Ostern kam nicht auf leisen Sohlen. Der angesetzte und dann abgesagte Oster-Lockdown war der symbolische Höhepunkt einer Reihe von kleineren und größeren Halbherzigkeiten, Fehlentscheidungen, Versäumnissen und Missverständnissen in der deutschen Pandemie-Politik. In der ureigenen Lockdown-Dialektik markiert der 24. März die Umkehr (doch kein Oster-Lockdown) von der Umkehr (Osterlockdown, 22. März) von der Umkehr (Öffnung, 3. März). Für die Politik schien das logisch, im Rest des Landes fehlte das Verständnis. Denn die Oster-Umkehr war kein vereinzelter Fehler unter vielen richtigen Entscheidungen, sondern der Moment, in dem sich nicht mehr abstreiten ließ, dass Personen, Strukturen und Prozesse ihrer Aufgabe nicht mehr ganz gewachsen waren. Und irgendwie schienen auch viele froh, dass es einmal ausgesprochen wurde. Es gab jetzt nichts mehr zu beschönigen. Das Land war auf dem Boden der Tatsachen angekommen.

Vorausgegangen waren Wochen, ja Monate, in denen sich die anfänglich erfolgreiche deutsche Corona-Antwort in einen Scherbenhaufen verwandelt hatte. Seit dem Herbst 2020 stolperte das Land durch die Pandemie. Auf erschreckend klare Weise hatte sich auf vielen Ebenen offenbart, dass Deutschland Krise nicht besonders gut konnte: nicht im Bund, nicht in den Ländern, nicht in den Kommunen und Gesundheitsämtern, und auch nicht in Impfkommissionen und anderen Gremien. Allein die Krankenhäuser hielten stand. Reaktiv statt vorausschauend, bürokratisch und regelverliebt statt pragmatisch, behäbig und langsam statt agil und schnell – und vor allem mit der falschen Prioritätensetzung. Über Vor- und Nachteile der Öffnung von Blumenläden oder Friseurgeschäften, das Terminshopping in den Innenstädten sowie Sonderregelungen für Kinderschuhfachgeschäfte, aber auch für Nagelstudios, Baumärkte, Außengastronomie und Ferienwohnungen an der Ostsee wurde intensiv diskutiert. Doch darüber war der Blick fürs Wesentliche verloren gegangen: Impfungen. Statt auf Sieg zu spielen, verwaltete die Bundesregierung die Pandemie und setzte auf ein lähmendes Virus-Catenaccio, das zu dem allgemeinen Eindruck der mutlosen Schwerfälligkeit beitrug.

* * *

Es war zum Zeitpunkt der öffentlichen Entschuldigung der Kanzlerin Ende März gerade einmal drei Wochen her, dass sich Bund und Länder auf eine komplizierte Öffnungsstrategie geeinigt hatten. Der Öffnungsfahrplan vom 3. März war nicht nur schwer durchschaubar und verstieß damit gegen Regel Nummer 1 der Krisenkommunikation, klare Botschaften zu senden. Die Öffnung wurde auch zu einem Zeitpunkt beschlossen, als die Ansteckungen bereits wieder Fahrt aufgenommen hatten. Die Daten zeigten längst, dass das Land in der dritten Welle steckte. Bekannt war auch, dass die neue, britische Variante infektiöser war und das Infektionsgeschehen dominierte. Trotz steigender Infektionszahlen und einer aggressiveren Variante des Virus entschied man sich, die Prognosen der Epidemiologen zu ignorieren und den Lockdown schrittweise zu lockern. Umfragen zeigten allerdings, dass eine große Mehrheit der Bevölkerung solchen Öffnungen skeptisch gegenüberstand.

Die Braunschweiger Virologin Melanie Brinkmann brachte das Unverständnis bei Markus Lanz Anfang April prägnant auf den Punkt: «Im Januar ist klar, da kommt die [neue] Variante und die Modellierungen waren eindeutig. Es war eindeutig kommuniziert und ich kann mir da auch keinen Vorwurf machen, ich war auch laut genug mit vielen anderen Kollegen. Es wurde nicht reagiert. Man hätte die Ausbreitung dieser infektiöseren Variante aufhalten können, wenn man es gewollt hätte... Jetzt hat man noch einen draufgesetzt und gesagt: Die

Zahlen steigen. Öffnen wir doch trotzdem. Ich kann es nicht verstehen.»³

Zu der strategischen Kurzsichtigkeit gesellte sich auch handwerkliches Ungeschick. Denn der überkomplizierte Öffnungsplan wurde an eine neue Teststrategie gekoppelt. Mit Schnelltests sollte etwa an Schulen oder auch am Arbeitsplatz die Ausbreitung des Virus gestoppt werden. Für diese neue Teststrategie fehlte nur ein kleines, aber entscheidendes Detail: die Tests. Die hatte das Gesundheitsministerium noch nicht parat. Schnelltests standen auch ein Jahr nach dem ersten Lockdown nicht in ausreichendem Maße zur Verfügung – und das sollte noch eine Weile so bleiben, zumal in den Schulen, in denen die Ansteckungen stark zunahmen. Auf eine Testpflicht am Arbeitsplatz, wo sich laut Robert-Koch-Institut viele Erwachsene ansteckten, konnte man sich erst Wochen später und gegen massive Widerstände aus den Unternehmen und einigen Parteien einigen.

Wie von der Wissenschaft vorausgesagt, stiegen die Covid-Infektionen im Laufe des März wieder rapide an. Deutschland steuerte auf einen Inzidenzwert von 100 zu, noch bevor sich die Damen und Herren der Bund-Länder-Konferenz wieder treffen wollten, um die nächsten Öffnungsschritte zu besprechen. Eigentlich hätte jetzt die Notbremse gezogen werden müssen: zurück in den Lockdown. Zuvor gab es einen Inzidenzwert von 35 als Grenze, der unter Umständen Kontaktnachverfolgungen erlaubt hätte. Aber das war schnell vergessen, und auf einmal wollte auch bei einem Wert von 100 niemand mehr nach der Notbremse greifen. Die Bevölkerung unterstützte weiter mit großer Mehrheit eine Rückkehr zu einem schärferen Lockdown, während ratlose Ministerpräsidenten einzelne Konsonanten tweeteten. Die Kanzlerin begann von Brücken ins Nirgendwo zu sprechen: «Wir versuchen jetzt, die Brücken zu bauen, aber wir wissen auch nicht, wohin wir die genau bauen. Also, das Ufer sehen wir ja auch nicht.» Nicht einmal die Bundeskanzlerin hatte eine Idee, wo sich das rettende Ufer befand und wie man dahin kommen würde. Man stelle sich einmal vor, Winston Churchill hätte sich im Sommer 1940 angesichts der drohenden deutschen Invasion etwa so geäußert: «Wir wissen auch noch nicht, wie es ausgeht und was die Zukunft bringt, aber fragen Sie mich nicht, wohin das führt – wir versuchen jetzt erstmal weiterzukämpfen, außer am Wochenende.»

Wegen der zeitgleich verpatzten Impf-, Test- und Lockdown-Strategie fiel der Frühling aus, der Sommer war in Gefahr. Nicht nur die ökonomischen Kosten wuchsen täglich, sondern auch die gesundheitlichen. Deutschland drohte in einem Dämmerlockdown steckenzubleiben. Wenig überraschend gestalteten sich auch die Verhandlungen über das Gesetz zur Bundesnotbremse komplizierter als gedacht, wie fast alles in der Krise. Die neuen Inzidenzwerte, auf die man sich einigte, wurden postwendend als zu unambitioniert kritisiert. Das verabschiedete Gesetz war mehr ein Tempolimit als eine Notbremse. Und selbst wenn der Lockdown Wirkung zeigen sollte, garantierten die im Gesetz verankerten Werte, dass eine Diskussion über eine Lockerung womöglich zu früh wiedereinsetzen würde. Eine echte Niedriginzidenz-Strategie war so nicht möglich. Das aber hieß, dass das Land erst dann wieder geöffnet werden konnte, wenn die Impfungen weite Teile der Bevölkerung abdeckten – also etwa zwei Monate nach den USA, die bereits aus der Krise herausboomten, während die deutsche und europäische Wirtschaft im ersten Quartal 2021 wieder in die Rezession abrutschte.

In Krisen zeigt sich, wie ein Staat unter Druck auf unvorhergesehene Ereignisse reagiert und ob er über dynamische Entscheidungsprozesse verfügt, mit denen die Herausforderungen gemeistert werden können. In der ersten Jahreshälfte 2021 ließ sich nicht leugnen, dass andere Staaten diesen Test besser bestanden als Deutschland. Deutschland kämpfte mit der dritten Welle und hatte das Impfen noch gar nicht so richtig begonnen, da war Israel schon fertig. Schon zu Ostern, als Deutschland über Brücken ins Nirgendwo diskutierte, gingen die Bilder von vollen Bars und Stränden in Tel Aviv um die Welt. Auch Großbritannien hatte zu dem Zeitpunkt schon die Hälfte der Bevölkerung zumindest einmal immunisiert und öffnete das Land schrittweise ab Anfang April. Die USA standen kurz davor, den Impfstoff für alle freizugeben, nachdem die Biden-Administration einen beeindruckenden Sprint bei der Lieferung von Impfstoff an die Bundesstaaten hingelegt hatte. Auch Serbien, ohne viel Einfluss in der Welt der globalen Pharmalogistik, hatte zu Ostern eine dreimal höhere Impfquote und wurde zum beliebten Ziel für Impftourismus.

Das Entsetzen im Land war mit Händen zu greifen. Markus Feldenkirchen sprach im «Spiegel» von «Skandal» und «multiplem Politikversagen» und setzte obendrauf: «Aber der Begriff des Skandals hat sich aufgrund des chronisch skandalösen Versagens der deutschen Politik leider längst entwertet.»[4] Als dann im März reihenweise Berichte über Vorteilsnahme und Korruption bei der Maskenbeschaffung durch Bundestagsabgeordnete von CDU/CSU auftauchten und die Quengeleien von irrlichternden Ministerpräsidenten täglich lauter wurden, verbreiteten sich Ernüchterung, Enttäuschung und zunehmend auch Wut in der Bevölkerung. Und diese Wut kam diesmal nicht von esoterischen Querdenkern und Chemtrail-Aposteln, sondern aus der Mitte des bürgerlichen Staatsvolks.

***

Der Begriff der Entzauberung stammt von dem Soziologen Max Weber. In seiner Vorlesung über «Wissenschaft als Beruf», die er 1918 kurz nach dem Ende des Ersten Weltkrieges in München vor Studenten hielt, benutzte er ihn, um den fortschreitenden Prozess des rationalen Durchdringens und Verstehens der Welt in der modernen Geschichte zu beschreiben. Die These war, dass im Laufe der Zeit der Einfluss magischer, kultischer oder religiöser Welterklärungen zurückging und rationale Mechanismen und berechenbare Zusammenhänge zur Grundlage von Denken und Handeln wurden. Die alten Götter waren tot. Die Welt hatte ihren Zauber verloren. Die Soziologen und Philosophen der Frankfurter Schule um Theodor Adorno und Max Horkheimer sollten wenige Jahre später die Anfälligkeit dieser entzauberten Welt für Totalitarismus und Despotismus ergründen.

Aber schon in Webers Analyse der Entzauberung schwang eine zweite Bedeutung mit, nämlich die der Relativierung und Desillusionierung. In genau diesem Sinne wurde der Staat in der Pandemie entzaubert. In den letzten Monaten ist die Mechanik seines Stolperns anschaulich geworden. Hinter diese Entblößung führt kein Weg zurück. Wir konnten in Echtzeit sehen und erleben, wie und warum Teile der Pandemiepolitik gegen die Wand fuhren. Auch eine wohlwollende Beobachterin konnte sich angesichts der öffentlichen Wurstfabrikation – wie es ein Minister ausdrückte – der Desillusionierung nicht erwehren. Die politische Entscheidungsfindung im föderalen System war teilweise chaotisch, und Deutschland fehlte ein Plan, wer wie in einer Ausnahmesituation Entscheidungen trifft. Ohne einen solchen Plan und formale Regelungen lag der Staat zu Ostern hilflos auf dem Rücken wie ein Käfer und strampelte mit seinen vielen Beinen, kam aber nicht vom Fleck.

Entwicklungspsychologen sprechen von «Entidealisierung», wenn Kinder im Laufe des Aufwachsens ein realistischeres Bild von ihren Eltern entwickeln, das sich von der frühkindlichen Idealisierung absetzt. Mit der Zeit sehen Kinder auch die Schwächen der Eltern und verstehen, dass sie nicht das Ideal einer perfekten Persönlichkeit sind. In der Pubertät findet die Ablösung statt. Natürlich hinken solche Vergleiche. Aber aus sozialpsychologischer Sicht könnte man diagnostizieren, dass in Deutschland gerade dieser Ablösungsprozess von Vater Staat stattfindet. Deutschland ist in der Pubertät angekommen – mit allen Problemen, die dieses Lebensalter bereithält. Das beruhigende Gefühl, in einem gut organisierten und funktionierenden Staat zu leben, der im Ernstfall funktioniert, ist teilweise dahin.

Die Versuchung wird groß sein, sich bei der Diagnose der Probleme an alten Denkmustern zu orientieren. Es gibt nach großen Krisen oft Grundsatzdebatten, weil die krisenhafte Zuspitzung der Ereignisse sich leicht ideologisch aufladen lässt. So war die Frage, was der Staat und was der Markt regeln sollte, die zentrale politische Konfliktlinie des 20. Jahrhunderts. Sie stammte letztlich noch aus der Weltwirtschaftskrise der 1930er Jahre. Die unterschiedlichen Analysen der größten Wirtschaftskrise in der modernen Geschichte waren bis in die 1970er Jahre der zentrale Bezugspunkt für die wirtschaftspolitischen Debatten. Milton Friedmans «neoliberaler» Angriff auf das «big government» der 1970er Jahre beruhte nicht zuletzt auf einer Neuinterpretation dessen, was in der Krise der 1930er Jahre schiefgelaufen war. Für die einen demonstrierte der Zusammenbruch des Marktsystems in der Weltwirtschaftskrise die Notwendigkeit staatlicher Koordination und Stabilisierungspolitik. Der Markt, auf sich allein gestellt, könne katastrophale Krisen produzieren und stabilisiere sich nicht selbst. Rexford Tugwell, ein Wirtschaftsberater von Präsident Roosevelt in den 1930er Jahren, auf den sich wiederum Präsident Biden häufig beruft, fasste diese Sicht auf die Krise mit den Worten zusammen: «Die Katze ist aus dem Sack –

es gibt keine unsichtbare Hand.»[5] Für Friedman zeigte die Weltwirtschaftskrise genau das Gegenteil. In seiner Interpretation war sie darauf zurückzuführen, dass der Staat Fehler gemacht hatte und dadurch die Krise erst so groß werden ließ: «Die Weltwirtschaftskrise war das Produkt von Staatsversagen.»[6] Ohne staatliche Fehler wäre aus einer normalen Rezession 1929 keine Weltwirtschaftskrise geworden.

Natürlich können die Probleme staatlichen Handelns in der Pandemie als Beweis dafür interpretiert werden, wie begrenzt die Möglichkeiten des Staates sind: die ineffizienten Prozesse, die Langsamkeit, die fehlende bürokratische Flexibilität. Beim Vergleich zwischen der reibungslosen Professionalität, mit der Amazon und andere Online-Händler die Versorgung mit essentiellen Gütern sichergestellt haben, und der Unfähigkeit vieler Schulbehörden, auch mit Vorlauf von Monaten einen vernünftigen Fernunterricht zu organisieren, sieht es nicht gut aus für den Staat. Die Schnelligkeit und Innovationskraft eines Unternehmens wie BioNTech kontrastiert mit der Unfähigkeit des Staates, Entlüftungsanlagen in Klassenräumen einzubauen.

Aber auf der anderen Seite hat die Pandemie die zentrale Bedeutung staatlichen Handelns nachdrücklich in Erinnerung gerufen. Wie wichtig Koordination und Steuerung gesellschaftlicher Prozesse durch den Staat sind, wurde so klar wie sonst selten. Ohne staatliche Eingriffe und eine funktionierende Gesundheitsinfrastruktur hätte die Krise verheerende Ausmaße angenommen. Querdenker und Maskenverweigerer zeigen die Grenzen der Eigenverantwortung nachdrücklich auf. Der Maskenverweigerer im Zug setzt viel mehr aufs Spiel als nur seine eigene Gesundheit. Die geimpfte Person schützt nicht nur sich selbst. Der Staat wird gerade in der Pandemie gebraucht, um in solchen Situationen Verhalten zu koordinieren und um Strategien zur Krisenbewältigung zu entwickeln. Bürgerliche

Eigenverantwortung und das gesunde Eigeninteresse sind kein Patentrezept. Wir brauchen in solchen Situationen staatliche Steuerung.

Die Tragweite der Problematik ergibt sich aus dem Zusammenspiel beider Faktoren: Das Krisenparadox besteht darin, dass wir wie selten zuvor auf den Staat angewiesen sind, aber gleichzeitig auch gesehen haben, dass er nicht so funktioniert, wie er müsste. Die Lehren der Pandemie sind insofern komplexer, und die Frage nach mehr oder weniger Staat greift zu kurz. Mit dem ritualisierten Auflisten von Argumenten für oder gegen staatliche Interventionen stehen wir uns nur selbst im Weg. Der Sozialstaat war eine große Stütze. Aber dennoch erschien das Staatswesen als Ganzes in der zweiten Hälfte der Pandemie schwach und nur bedingt handlungsfähig. Zumindest ab dem Herbst 2020 erwiesen sich Länder mit kleineren Staatsapparaten oft als flexibler. Schiere Größe allein – wie bei der Skulptur von Schütte – reicht nicht.

III. DAS LAND DER BEGRENZTEN MÖGLICHKEITEN

> Wenn die Ebbe kommt, zeigt sich, wer nackt schwimmt.
> Warren Buffett

Der römische Gott Janus mit den zwei Gesichtern war der Gott der Übergänge, der Ein- und Ausgänge, von Anfang und Ende. Sein Bild fand sich passenderweise auf den Bronzemünzen der römischen Republik, die oft die Hände wechselten: wie gewonnen, so zerronnen. In die Popkultur des 20. Jahrhunderts fand der römische Gott Einzug in der Figur von Harvey Dent, Two-Face, in der Batman-Reihe von DC-Comics. Als erfolgreicher Staatsanwalt wird Harvey Dent im Gerichtssaal von einem Angeklagten mit Säure begossen, wodurch eine Gesichtshälfte furchtbar entstellt wird. Der körperlichen Verunstaltung folgt eine seelische. Die Persönlichkeit von Two-Face teilt sich in eine gute und eine böse Hälfte. Wenn er sich zwischen unterschiedlichen Handlungsoptionen entscheiden muss, benutzt er eine Münze mit einer zerkratzten, hässlichen Seite und einer glänzenden, reinen. Je nachdem, welches Gesicht der Münzwurf zeigt, ändert sich sein Verhalten. Das macht ihn unberechenbar für seine Umwelt. Deutschlands Weg durch die Pandemie erinnerte zeitweise an den Bezirksstaatsanwalt aus Gotham City. Die deutsche Krisenstrategie hatte zwei Gesichter, eine ansehnliche und eine hässliche Seite.

In der ersten Phase der Pandemie bis zum Sommer 2020 war Deutschland alles in allem erfolgreich darin, die Effekte der Pandemie abzufedern. Der deutsche Sozialstaat und sein Gesundheitssystem haben funktioniert. Das Gesundheitssystem hat der Pandemie auch in der Fläche standgehalten. Die Sterblichkeit war und blieb geringer, und die sozialen Konsequenzen wurden weitaus besser abgemildert als etwa in den USA und Großbritannien. Allein in der Stadt New York starben in den Monaten April und Mai so viele Menschen an den Folgen einer Corona-Infektion wie 2020 in ganz Deutschland. Im Corona-Park in Queens in New York wurden die Leichen in Kühllastern gelagert, wo sonst die US Open im Tennis stattfinden. Auch kilometerlange Schlangen für Essensausgaben wie in den USA gab es in Deutschland nicht.

Seine Aufgabe, die Gesellschaft gegen existentielle Risiken abzusichern, hat der deutsche Sozialstaat damals erfüllt: Als die Pandemie ausbrach, wurde das Land heruntergefahren, der Staat sprang ein und verschaffte dem Gesundheitssystem die Luft, die es brauchte, um mit den Infektionen fertigzuwerden. Die Kurve blieb flach genug. Es war nicht der einzige Lichtblick zu Beginn der Pandemie. Über das erprobte Instrument der Kurzarbeit wurden Verwerfungen am Arbeitsmarkt verhindert. Zwar fielen (zu) viele durch das sozialstaatliche Absicherungsnetz: kleine Selbständige, Künstler, Schausteller und andere. Aber sogar die sonst kritische internationale Presse war voll des Lobes für die Arbeit des Finanzministeriums. Die Schuldenbremse wurde ausgesetzt, und es hieß, Deutschland habe zum ersten Mal in der jüngeren Vergangenheit die makroökonomische Lage richtig eingeschätzt und sofort viel Geld in die Hand genommen, um mit der vielzitierten Bazooka den ökonomischen Auswirkungen der Pandemie entgegenzusteuern. Erst später sollte es zu größeren Komplikationen kommen und Hilfszahlungen an Unternehmen immer häufiger im bürokratischen Treibsand enden. Auch das deutsche Ja zum europäischen Wiederaufbaufonds kam trotz anfänglichem Zögern noch rechtzeitig und hat zusammen mit der Geldpolitik der Europäischen Zentralbank maßgeblich dazu beigetragen, dass die Pandemie kaum zu Verwerfungen an den europäischen Finanzmärkten geführt hat. In der Beck'schen Terminologie der Risikogesellschaft waren es vor allem die Institutionen der ersten Moderne aus der klassischen Industriegesellschaft, die ihren Job gut gemacht und zumindest zu einem Teil verhindert haben, dass durch die Pandemie große soziale Konflikte entstanden sind. Ersten Studien zufolge hat zwar in den ersten Monaten der Pandemie die Ungleichheit bei den Brutto-Einkommen zugenommen, aber über das Steuer- und Transfersystem fand eine Umverteilung statt, so dass die Ungleichheit der Einkommen sogar leicht gesunken ist.[1] Bei den Vermögen dürfte der Effekt angesichts von Börsenrekorden und steigenden Immobilienpreisen allerdings in die gegenläufige Richtung gegangen sein. Dadurch wird sich ein Trend weiter verstärken, der bereits seit der Wiedervereinigung zu beobachten ist: eine zunehmende Polarisierung zwischen der unteren und der oberen Hälfte der Vermögensverteilung.[2]

Ab dem Herbst zeigte sich dann die andere Seite der deutschen Corona-Bekämpfung, als der Staat die Risiken der Pandemie proaktiv und vorausschauend hätte steuern müssen. Wenn zwei Wörter die Erfahrung vieler in dieser Phase der Krise beschreiben, dann diese beiden: geht nicht. Vieles ging nicht mehr im Pandemie-Deutschland seit dem Herbst. Anmeldeportale gingen nicht, Hotlines gingen nicht, Impfen am Wochenende ging nicht, Gurgeltests gingen nicht, Schnelltests für zuhause gingen erstmal auch nicht, Erfassung von Patientendaten in einem nationalen Pandemie-Register ging schon gar nicht, digitale Impfpässe gingen auch nicht so richtig. Es gab auch in jedem Einzelfall immer eine Begründung, warum das so war, und im Laufe der Zeit funktionierte vieles besser. Aber das Gesamtbild war alles andere als überzeugend.

Die Probleme begannen dort, wo der Staat unter Druck Lösungen für neue Probleme finden musste, für die er nicht auf existierende Strukturen zurückgreifen konnte. Als diese Aufgaben in den Vordergrund traten, wurde das Ende der Fahnenstange schnell sichtbar. Viele dieser Geht-Nicht-Dinge, die sich zum Leitmotiv von Trägheit und Schwerfälligkeit aufaddierten, hatten mit der Kombination von zwei Phänomenen zu tun: bürokratische Regelungsdichte einerseits, mangelnde Ausstattung, Dateninfrastruktur und Digitalisierung der Verwaltung andererseits. Die bürokratischen Prozesse waren komplex und wurden durch Datenschutzanforderungen immer aufwändiger, gleichzeitig waren die technologischen Möglichkeiten unzureichend. Zwar hatte Bundeswirtschaftsminister Peter Altmaier auf einer Veranstaltung des «Handelsblatts» im Jahr 2017 angekündigt, dass Deutschland im Jahr 2021 die «bürgerfreundlichste und anwenderfreundlichste Verwaltung Europas» haben werde.[3] In der Pandemie war davon dann aber wenig zu sehen: Deutschland fehlte die technologische Infrastruktur, um erfolgreiches Risikomanagement zu betreiben.

* * *

Die Weltbank stellt ein jährliches Ranking der staatlichen Leistungsfähigkeit aller Länder der Welt auf.[4] Abgefragt werden Indikatoren wie die Qualität der öffentlichen Verwaltung und die Fähigkeit des Staates zur Formulierung und Durchsetzung seiner Politik. Weltweit lag Deutschland im Jahr 2019 auf dem 15. Platz, im Mittelfeld der Industrieländer. 1998 war es auf dem 13. Platz gewesen, es hat also nur zwei Plätze verloren. In anderen Rankings, etwa im Global Competitiveness Report des World Economic Forum, war der Abstieg Deutschlands in den letzten 15 Jahren deutlicher zu sehen. In der Kategorie Infrastruktur ist Deutschland von Platz 3 auf Platz 12 abgerutscht.

Dies deckt sich mit anderen Erfahrungen. Das Image vom kompetenten und leistungsfähigen deutschen Staat hatte schon vor der Pandemie einige Kratzer abbekommen. Allem voran war da der Berliner Flughafen, der mit zehnjähriger Verspätung erst mitten in der Pandemie eröffnet wurde. Immerhin ersparte man sich dadurch eine peinliche Eröffnungsfeier mit Reden, in denen die Fehler im Planungsprozess, die behäbigen Genehmigungsprozesse und der Dschungel aus Versäumnissen und Fehlentscheidungen sprachlich hätten umschifft werden müssen, und zwar während draußen im Land das Gleiche passierte, aber auf nationaler Ebene.

Der Berliner Flughafen war nicht der einzige Kratzer. Bei der Bahn waren Verspätungen schon lange das Einzige, auf das man sich wirklich verlassen konnte. Seit 2009 sind die jährlichen Verspätungsminuten der Bahn um knapp 50 Prozent oder 60 Millionen Minuten gestiegen.[5] Stauminuten auf deutschen Autobahnen haben sich seit 2002 versechsfacht. Die sogenannte Energiewende war in den Augen vieler alles andere als ein handwerkliches Meisterstück. Auch Deutschlands Rückstand beim Ausbau des Glasfasernetzes war seit Jahren bekannt und ökonomisch absurd teuer. Bei der digitalen Infrastruktur hatte das Land den Anschluss verloren, weil man beschlossen hatte, dass dem Kupferkabel die letzte Meile gehörte – und weil man meinte zu wissen, dass DSL schnell genug wäre. Der Rückstand auf Asien wuchs trotz Sonntagsreden zur Digitalisierung ständig, ohne dass viel geschah. Eine Befragung des Instituts der deutschen Wirtschaft ergab, dass mehr als zwei Drittel der Unternehmen über eine Beeinträchtigung ihrer Geschäfte durch Mängel im Kommunikationsnetz klagten. Knapp 30 Prozent sprachen sogar von «schweren Beeinträchtigungen».[6]

Es knirschte bekanntlich auch beim Mobilfunknetz. Bis heute ist es unmöglich, zwischen Köln und Bonn, im flachen Rheinland, im Zug eine halbe Stunde ohne Unterbrechung mobil zu telefonieren. Und auch auf dem Weg von West nach Ost ist schon kurz nach Köln, mitten im dicht besiedelten Nordrhein-Westfalen, das erste Mal Schluss mit dem Empfang. Geld spielte bei all dem natürlich eine wichtige Rolle: Sparsamkeit, gerade beim Staat, galt als die wichtigste Sekundärtugend im Deutschland des 21. Jahrhunderts, und zwar um der kommenden Generationen willen.

Die Liste der Mängel und Versäumnisse von Politik und Verwaltung in den letzten beiden Jahrzehnten lässt sich fortsetzen. Diese haben sich längst zu Stichworten verdichtet, die ihre eigene Geschichte erzählen: Mobilfunklöcher, Mautdesaster, Elbphilharmonie, Unterrichtsausfall, marode Rheinbrücken, oder auch Terminchaos bei Bürgerämtern, wo Termine für Neuzugezogene erst so weit in der Zukunft zu bekommen waren, dass es unmöglich wurde, gesetzliche Pflichten einzuhalten. Der Eindruck entstand, dass sich Schicht um Schicht an Bürokratie über das Land gelegt hatte, die es schwieriger machten, überhaupt etwas umzusetzen, während staatliche Ressourcen abnahmen und die Digitalisierung der Verwaltung kaum vorankam. China baute nach der globalen Finanzkrise innerhalb weniger Jahre ein Hochgeschwindigkeitsnetz auf. In Deutschland brauchten schon die Planungsprozesse für die Trasse zwischen Berlin und München mehr als ein Jahrzehnt, und bis heute sind nur Teile der Strecke ausgebaut.

Es gab auch schon vor der Pandemie kritische Stimmen. In einer großen Studie der Gesellschaft für internationale Zusammenarbeit zur Sicht des Auslands auf Deutschland fasste ein britischer Manager die Lage treffend zusammen: «Mit deutschen Ministerien zusammenzuarbeiten, war ein Schock.

Das Konzept eines Beamten ist das gleiche wie vor fünfzig Jahren. Es ist sehr starr, mit strengen Grenzen dessen, was gesagt oder gedacht werden darf. Auch in höheren Positionen. Es ist in dieser Umgebung sehr schwer, ideenreich zu denken, und auch wenn einige wenige dieses System verändern möchten, wird das nur sehr langsam geschehen.»[7]

Wir alle hatten uns an diese Kratzer längst gewöhnt, aber dennoch gab es noch das Grundgefühl, dass im Großen und Ganzen alles funktioniert, und vor allem, dass man sich im Ernstfall auf den Staat verlassen konnte. Ich selbst erinnere mich noch an ein Seminar an der London School of Economics Ende der Neunzigerjahre. Es war die Zeit, in der die Baukräne am Potsdamer Platz in Berlin die größte Baustelle des Kontinents schmückten. Die Bilder von den Baulöchern im Herzen der geteilten Stadt im neuen Europa übten in London eine große Anziehungskraft aus. Im Zweiten Weltkrieg war der Potsdamer Platz fast vollständig zerstört worden. Nur einige Ruinen waren geblieben, die nach der Teilung der Stadt im Niemandsland zwischen Ost und West standen. Auf dem Ground Zero des Kalten Krieges arbeiteten jetzt die Kräne und Bagger und stampften ein neues Viertel samt U-Bahn und Regionalbahnhof aus dem Boden. Der Potsdamer Platz sollte wieder zum pulsierenden Herzen der geeinten Stadt werden. Die Baustelle im Herzen Berlins verkörperte wie keine andere den historischen Umbruch, der in Deutschland und Europa mit der Wiedervereinigung und dem Ende der Sowjetunion begonnen hatte.

Im Spaß zeigte die Professorin damals im Seminar auf ein Foto neben einem Aufsatz über die Zukunft der europäischen Integration und die bevorstehende Einführung des Euro. Zu sehen war ein imposanter Wald von Baukränen auf dem Potsdamer Platz, der die Bäume des benachbarten Tiergartens um viele Meter überragte. Sie fragte mich: Wird das denn rechtzeitig fertig – das kann man sich doch kaum vorstellen? Meine Antwort war, mehr oder weniger ohne nachzudenken: «If they say so – wenn die das sagen.» Ich merkte, dass viele der internationalen Studierenden schmunzelten. «How German.» Eine sehr deutsche Antwort war das. Wenn es so festgelegt ist, dann wird es auch so kommen.

Im Seminar saßen Studierende aus der ganzen Welt – aus der Türkei und Spanien, aber auch aus Lateinamerika und Indien. In vielen dieser Länder war es ganz normal, dass Ankündigungen bei öffentlichen Großprojekten nicht eingehalten wurden und diese verschoben werden mussten, zumal bei komplexen privaten und öffentlichen Kooperationen. Für mich war es damals noch eine gefühlte Selbstverständlichkeit, dass solche Dinge funktionierten. Pläne werden ausgeschrieben und umgesetzt. Bauunternehmen und eine kompetente, gut ausgestattete öffentliche Verwaltung arbeiten zusammen und sorgen für die termingerechte Fertigstellung des Projekts. Wenn es Verspätungen gibt, dann würde man das rechtzeitig bemerken und Pläne entsprechend ändern: «the country works».

Heute, mehr als 20 Jahre später, klingt das naiv. Dass wir so lange weggeguckt haben, während unser Staat an Leistungsfähigkeit verlor, hat viel damit zu tun, dass man sich als Erstes immer mit den direkten Nachbarn vergleicht. Und gerade da sah es in Deutschland im Jahrzehnt nach der globalen Finanzkrise noch verhältnismäßig gut aus. Anderswo in Europa, in Italien, Griechenland, Spanien, gab es wirkliche Probleme. Gehälter wurden gekürzt, öffentliche Dienstleistungen eingeschränkt. In Deutschland lief es dagegen immer noch halbwegs rund, und Sparsamkeit würde uns vor einem ähnlichen Schicksal bewahren. Es brauchte den Schock der Pandemie, um offenzulegen, wie groß die Probleme auch hierzulande geworden waren. Letztlich kannten wir die Mängel alle, haben aber nicht reagiert. Jetzt konnten wir nicht mehr weggucken. In der Pandemie waren wir alle auf den Staat angewiesen.

* * *

Viel Bürokratie und wenig Technologie: Beides zusammen ergab eine träge machende Mischung. Hohe Hürden für staatliches Handeln trafen auf technische Möglichkeiten auf dem Stand der 1980er Jahre, wenn überhaupt. Anders gesagt, wachsende Anforderungen an die Tätigkeit der Behörden, etwa bei der Wahrung der Informationsrechte der Bürger, waren nicht von einer besseren technologischen Ausstattung der Ämter flankiert. Überhaupt bestand ein großes Hindernis für eine effizientere und intelligente Pandemie-Bekämpfung in Deutschlands Umgang mit dem Datenschutz. Viele Kommentatoren haben die Beschränkungen, die durch strenge Datenschutzauflagen entstanden, als unverhältnismäßig kritisiert. Unverhältnismäßig insofern, weil andere Grundrechte, etwa grundlegende Freiheitsrechte, in der Pandemie eingeschränkt wurden und eine vernünftige Abwägung zwischen den Risiken für den Gesundheitsschutz und dem Datenschutz durchaus zu anderen Ergebnissen hätte kommen können.

In Südkorea etwa wurde bei jedem positiven Corona-Test anhand der Handy-Daten nachvollzogen, welche Orte der oder die Infizierte in den letzten Tagen besucht hatte. Diese Daten wurden dann mit denen anderer Nutzer abgeglichen, so dass man eine relativ gute Idee hatte, wer sich bei dieser Patientin angesteckt haben könnte. Alle Kontaktpersonen mussten daraufhin in Quarantäne. Natürlich war es zu spät, die Ansteckungen zu vermeiden. Aber die schnelle technologische Nachverfolgung ermöglichte es, das Zeitfenster zwischen Infektion und eigener Infektiosität auszunutzen, um die Kette zu unterbrechen. Nach dem aktuellen Stand der Forschung dauert es mindestens zwei Tage, bis jemand, der mit dem Virus infiziert ist, andere anstecken kann. Wenn es also gelingt, in dieser kurzen Zeit alle Kontakte nachzuverfolgen und zu isolieren, kann es zu keinen weiteren Ansteckungen kommen.

Ein Beispiel: Im April 2020 wurde ein 58-jähriger Mann in der Mega-Stadt Seoul positiv getestet.[8] Aus den mobilen Daten konnten die Behörden die wichtigsten Stationen seines Lebens in den letzten Tagen nachvollziehen. Er hatte an den Wahlen teilgenommen und in verschiedenen Restaurants gegessen. Insgesamt war er mit über 1000 Personen in Kontakt gekommen. Innerhalb von 48 Stunden gelang es den Behörden, mit diesen Personen Kontakt aufzunehmen und sie zu isolieren. Zweimal am Tag kamen Beschäftigte des Gesundheitsamtes zuhause vorbei, um zu überwachen, dass die Quarantäne eingehalten wurde. Damit waren alle potentiellen Ausbruchsfälle aus diesem Cluster unter Kontrolle.

In Deutschland waren die Gesundheitsämter damit überfordert, das Infektionsgeschehen in viel kleineren geographischen Einheiten engmaschig zu überwachen oder Virusmutationen nachzuverfolgen. Die Kontaktnachverfolgung und Quarantäneüberwachung blieben langsam und löchrig. Auch ein Jahr nach der Pandemie nutzte nur ein Drittel der Gesundheitsämter die Software Sormas, um die Infektionsfälle zu managen und zu melden. Die kreisübergreifende Vernetzung mithilfe dieser Software war über die Versuchsphase immer noch nicht hinausgekommen. Die technologischen Möglichkeiten der Pandemiebekämpfung blieben daher anders als etwa in Südkorea fast vollkommen ungenutzt. Die anfängliche Hoffnung auf die Corona-Warn-App versandete schnell im gesundheitsministeriellen Wirrwarr, einem problematischen Freiwilligkeitsprinzip der Meldung von Infektionen und der Unmöglichkeit, Kontaktpersonen zu identifizieren und die Quarantäne zu überprüfen.

Auch bei der Ankunft von Reisenden aus dem Ausland hatte Korea bereits Anfang April 2020 ein System eingerichtet, das alle Fluggäste verpflichtete, sich in Quarantäne zu begeben und eine App herunterzuladen, die Symptome aufzeichnete und sicherstellte, dass die Quarantäne eingehalten wurde. Bei Nicht-Einhaltung drohten hohe Strafen und für Ausländer die sofortige Abschiebung.[9] In Deutschland verteilte die Lufthansa noch Monate nach dem Beginn der Pandemie auf Flügen von Frankfurt in andere deutsche Städte Papierformulare. Auf diesen sollten Fluggäste, die aus dem Ausland in Frankfurt angekommen waren, ihre Daten eintragen. Die Papierformulare wurden dann an die jeweiligen Gesundheitsämter weitergeleitet. Diese wiederum riefen einige Tage später die betroffenen Haushalte an und mussten nach dem Zeitpunkt der Ankunft fragen. Denn die Lufthansa hatte nur die Flugnummer, nicht aber das Datum des Fluges auf den Formularen erfasst. Gab es im Jahr 2020 wirklich keinen besseren Weg, die Gesundheitsämter über die Ankunft von Reisenden aus Risikogebieten zu informieren? Die digitale Einreiseanmeldung wurde schließlich im November 2020 eingeführt. Aber Nachverfolgung durch die Gesundheitsämter blieb auch hier die Ausnahme; eine Auswertung der Bewegungsdaten war unmöglich. Die Regelung, nach der sich nur Einreisende aus ständig wechselnden Risikogebieten in Quarantäne begeben, stiftete im dynamischen Infektionsgeschehen auch mehr Verwirrung, als dass sie nutzte. Ein einheitliches Verfahren wäre klarer und sinnvoller gewesen.

Man mag es aus Gründen des Datenschutzes begrüßen, aus epidemiologischer Sicht war eine Konsequenz, dass Informationstechnologien in Deutschland bei der Bekämpfung der Pandemie fast keine Rolle gespielt haben. Im Ergebnis führten diese Einschränkungen dazu, dass die Methoden der Krisenbekämpfung sich von denen vergangener Jahrhunderte kaum unterschieden: Das wichtigste Instrument waren Hygiene- und Abstandsregeln, Schließungen von Geschäften und Schulen sowie strenge Besuchsauflagen und dann später auch Ausgangssperren. Diese Mittel waren denen sehr ähnlich, die schon in der letzten vergleichbaren Pandemie, der «Spanischen Grippe» am Ende des Ersten Weltkriegs, in einigen Ländern angewendet worden waren. Vom medizinischen Fortschritt abgesehen, hat Deutschland im 21. Jahrhundert die Pandemie mit den Mitteln des 19. bzw. frühen 20. Jahrhunderts bekämpft.

Mangelnde Digitalkompetenz und -ausstattung war auch in den ersten Wochen der Impfkampagne ein großes Hindernis. Überlastete Telefon-Hotlines wurden zum Symbol für den Stand der technischen Möglichkeiten Deutschlands im Jahr 2021. Zunächst musste man auf einen analogen Einladungsbrief von der Behörde warten, der sich gern auch mal verspätete. Dann ging es mit dem Code zu einer Hotline, wenn diese denn funktionierte. Und wenn man das Glück hatte, in einem Bundesland zu leben, das den Code zusammen mit dem Einladungsbrief verschickte. Digitale Anmeldeportale waren zudem oft überlastet oder nicht rechtzeitig freigeschaltet.

Manchmal waren die Behörden aber noch nicht einmal in der Lage, die Listen für die Versendung der Einladungsbriefe zusammenzustellen. Berühmt ist das Beispiel aus Niedersachsen, wo viele Meldeämter die über 80-jährigen Einwohner nicht herausfiltern konnten, so dass das Sozialministerium die Post als externen Dienstleister beauftragte, diese anzuschreiben. Nur verfügte die Post selbst nur über einen Teil der Adressen und benutzte daher einen Such-Algorithmus, um über 80-Jährige anhand der Vornamen zu identifizieren, die nach 1945 ungebräuchlich wurden, wie Adolf und Fritz.

Mit den häufigen Änderungen der Impfempfehlungen durch die Ständige Impfkommission wurde diese Strategie der staatlichen Einladung noch komplexer. Denn erst war AstraZeneca wegen mangelnder Daten nicht für über 65-Jährige empfohlen, einige Wochen später sollte der Impfstoff dann nur noch bei Älteren Anwendung finden, weil bei denen das Risiko von Hirnvenenthrombosen geringer war als bei Jüngeren. Nicht nur ging so viel Vertrauen in den Impfstoff verloren, sondern die Verwaltung konnte auf diese Änderungen auch nur mit Verzögerung reagieren, so dass wertvolle Zeit verloren ging. In Bayern etwa war die verwendete Software anfänglich nicht in der Lage, das Alter der Patienten herauszufiltern. Die Altersangaben mussten dann für jeden Datensatz von Hand überprüft werden. Von Altmaiers digitaler Verwaltung war das Land weit entfernt.

* * *

Ökonomen haben traditionell viel Sympathie für föderale Systeme. Zumindest in einem gewissen Rahmen kann in den einzelnen Teilen experimentiert werden, und es kann eine Form von Wettbewerb um die besten Lösungen entstehen, die sich dann durchsetzen. Föderaler Wettbewerb kann helfen, die Nachteile eines starren Zentralismus auszugleichen. Doch während der Pandemie haben wir davon alles in allem wenig gesehen. Das lag unter anderem an dem holprigen Zusammenspiel der Ministerpräsidenten und der Bundeskanzlerin in dem improvisierten Gremium zur Krisenbekämpfung, der Ministerpräsidentenkonferenz samt Kanzlerin, auch bekannt als Corona-Kabinett. Man kann es für einen Konstruktionsfehler des deutschen Föderalismus halten, dass es keine klaren Regelungen für gesundheitliche Katastrophensituationen gab. Die Zuständigkeit der Länder hat immer wieder zu regionalpolitischen Alleingängen und Öffnungsexperimenten geführt, die eine einheitliche Pandemiebekämpfung behindert haben.

Am deutlichsten wurden die Probleme in einem Bereich,

der den Ländern exklusiv untersteht: bei der Bildung. Die Organisation des Distanzunterrichts und der Wechsel von Präsenz- auf Distanzlernen funktionierte nur in den wenigsten Fällen reibungslos. Dies war teilweise früheren Versäumnissen bei der technischen Ausstattung der Schulen geschuldet. Vielen Schulen fehlten die Laptops und Tablets. Aber auch andere digitale Infrastruktur war nicht vorhanden. Das Land erfuhr staunend, dass viele Lehrer im Jahr 2020 noch keine dienstlichen E-Mail-Adressen hatten. So wurden erst im Dezember 2020 die ersten Adressen für Lehrer an staatlichen Schulen in Bayern freigeschaltet, um «eine datenschutzkonforme Kommunikation zwischen staatlichen Lehrkräften in Bayern zu ermöglichen».[10]

Auch in den Schulen stand die Bürokratie einem flexiblen Krisenmanagement im Weg. In Berlin scheiterte die automatische Entlüftung von Klassenräumen auch noch in der dritten Welle des Virus im Frühjahr 2021 an fehlenden «Betriebsanweisungen». Diese sind im Übrigen nicht zu verwechseln mit Gebrauchsanleitungen. Die gibt es im Internet. Aber zusätzlich ist eine verwaltungsrechtliche Betriebsanweisung notwendig, um die Lüfter auch wirklich einzusetzen. Eine Betriebsanweisung wird in normalen Zeiten gebraucht, um die Beschäftigten über Gefährdungen und Schutzmaßnahmen am Arbeitsplatz zu informieren. Dadurch sollen Unfälle reduziert werden. Dafür wiederum ist darauf zu achten, «dass Beschäftigte den Inhalt von Betriebsanweisungen durch Form und Sprache schnell erfassen können.»[11] Das Sprachniveau soll einfach sein und sich an den Beschäftigten orientieren. Fremdwörter und Komplexität sind zu meiden. Eine solche Betriebsanweisung aber lag nicht vor und konnte so schnell auch nicht ausgestellt werden. Also blieben die Lüfter aus. In anderen Fällen boten Eltern in Kindergärten an, die Lüfter auf eigene Kosten anzuschaffen und aufzustellen. Auch dies war nicht möglich, weil die Brandschutzvorschriften dem entgegenstanden.

Dass die Länder die Schulen mehr schlecht als recht durch die Pandemie lotsten, werden vor allem einkommensschwache und bildungsferne Familien ausbaden müssen. In vielen Schulbezirken gelang es nicht schnell genug, einen vernünftigen Ersatz für den Präsenzunterricht aufzubauen und anzubieten. Es ist abzusehen, dass der Großteil der negativen Effekte der Pandemie bei Kindern und Jugendlichen aus benachteiligten sozioökonomischen Verhältnissen auftreten wird, während in vielen bürgerlichen Haushalten das «Home Schooling» noch einigermaßen gut funktionierte. Die ohnehin schon existierenden Ungleichheiten im Bildungsbereich könnten dadurch massiv verstärkt werden. Der Zugang zu Bildung war während der Pandemie noch stärker als sonst abhängig vom Bildungshintergrund, dem Einkommen und der technologischen Ausstattung der Eltern. Die langfristigen Auswirkungen dürften erheblich sein. So legen etwa die Studien des Münchner Bildungsökonomen Ludger Wössmann nahe, dass sich die durch Corona bedingten Lernverluste auf das spätere Berufseinkommen der Betroffenen stark negativ auswirken werden.[12]

***

Für Sascha Lobo ist klar, wer die Verantwortung für Deutschlands Rückstand bei der Digitalisierung des öffentlichen Lebens und der Verwaltung trägt. Er sieht die Schuld bei der deutschen Sparwut, dem Austeritäts-Mindset, der «Geiz ist geil»-Mentalität: «In der Pandemie zeigen sich die Folgen der jahrelangen Sparwut in Deutschland.»[13] Ist die Tatsache, dass der Staat nicht auf der Höhe der technischen Möglichkeiten war, das Ergebnis einer Unterfinanzierung des Staates?

Wenn man sich die Entwicklung der Ausgabenquote des Staates anguckt, also die Summe aller Staatsausgaben relativ zum Bruttoinlandsprodukt, dann ist erstmal nicht viel davon zu sehen, dass Deutschland ganz viel gespart hat. Die Staatsquote lag 1980 bei 47 Prozent, 1990 bei 44 Prozent, 2000 bei 48 Prozent und 2019 bei gut 45 Prozent, blieb also im letzten Jahrzehnt bei leichten Schwankungen fast unverändert.[14] Allerdings gibt es Verschiebungen innerhalb der Staatsausgaben. Der Anteil der Sozialversicherung ist gestiegen, die Ausgaben von Bund, Ländern und Kommunen sind gesunken. Insbesondere fällt der Rückgang der Investitionen ins Auge, vor allem aufgrund der geringen Bauinvestitionen der Kommunen. Im internationalen Vergleich sieht es schlecht aus für die deutsche Investitionstätigkeit. Im Jahr 2015 belegte das Land den drittletzten Platz aller OECD-Länder bei den öffentlichen Investitionen und Bildungsausgaben.[15] Seit den 1970er Jahren haben sich die staatlichen Investitionen von über 4 Prozent auf 1,5 Prozent des Bruttoinlandsprodukts mehr als halbiert.

Ökonomen haben auch schon vor Corona lange und intensiv darüber diskutiert, ob zu geringe öffentliche Investitionen zum Schwund öffentlicher Infrastruktur geführt haben. Aber in der breiteren Öffentlichkeit erreichte die Frage der abnehmenden staatlichen Leistungsfähigkeit nie den Punkt, an dem sie zu einem echten Politikum geworden wäre. Die schwarze Null und die Schuldenbremse blieben populär. Es ging ja dann doch immer irgendwie. Zur Not telefonierte man halt nicht mehr im Zug, wenn das Handynetz wieder ausfiel. Das hatte ja auch seine Vorteile. Die Wahl hatte man freilich nicht.

Unter Ökonomen herrscht weitgehend Konsens, dass die öffentliche Investitionsquote in den letzten Jahren niedrig, womöglich auch zu niedrig war. Gerade bei den Kommunen und in den Ländern war diese Zurückhaltung bei Investitionen zu beobachten. Straßen und Brücken wurden nicht repariert und es wurde zu wenig in die Digitalisierung der Schulen investiert. Uneinigkeit gibt es bei der Diagnose der Ursachen: Welche Rolle spielte bei all dem die seit der Finanzkrise im Grundgesetz verankerte Schuldenbremse?

Zwar sind die Investitionen seit der Einführung der Schuldenbremse nicht weiter gefallen. Aber das ist eine zu enge Betrachtung. Denn sie übersieht, dass der Investitionsbedarf nicht über die Zeit stabil ist, sondern gerade im letzten Jahrzehnt sehr hoch war. Es gab einen digitalen Strukturwandel in nahezu allen gesellschaftlichen Bereichen. Die Digital-Investitionen sind überall in der Welt stark gestiegen. Dazu kommen die existentiell notwendigen Investitionen in den Klimaschutz. Diese beiden Megatrends sind an den öffentlichen Investitionen nahezu spurlos vorbeigegangen. Darin liegt das eigentliche Problem: Die Ausgaben hätten steigen müssen. Auf dem gleichen Niveau zu bleiben, war nicht genug. Die eigentliche Frage ist daher, ob die Schuldenbremse zusätzliche, sinnvolle Investitionsausgaben verhindert hat.

Das ist durchaus denkbar. Denn so wie sie im Grundgesetz steht, könnte die Schuldenbremse genau diesen Effekt – zu geringe Investitionen – auslösen.[16] Die Einführung von Fiskalregeln wie der Schuldenbremse wird zentral mit der vermeintlichen Kurzfristorientierung der Politik begründet. Sie führt dazu, dass den heute aktiven Politikern die Interessen künftiger Generationen nicht wichtig genug sind und diese lieber heute mehr Geld ausgeben, um populäre Wahlgeschenke zu verteilen oder Einzelinteressen zu bedienen. Wenn man genauer hinschaut, dann hat genau dieses Problem jedoch zwei verschiedene Auswirkungen: Zum einen kann es dazu führen, dass Politiker heute zu viel ausgeben und die zusätzlichen Ausgaben mit Schulden finanzieren (Steuern zu erhöhen ist in der Regel sehr unpopulär), so dass künftige Generationen in der Zukunft die Zeche zahlen. Das ist ein Argument für die Schuldenbremse – wahrscheinlich das beste, das wir haben. Aber es gibt in der gleichen Logik zum anderen auch einen gegenteiligen Effekt: Wenn es eine Schuldenbremse gibt, dann wird ein kurzfristig orientierter Politiker das Geld lieber heute für die gegenwärtig lebenden Generationen ausgeben – etwa für Rentenerhöhungen –, als Investitionen zu finanzieren, deren Nutzen irgendwann in der Zukunft anfällt.[17] Das gleiche Grundproblem – kurzfristig denkende Politiker – könnte also bei einer Schuldenbremse dazu führen, dass Investitionen relativ zu den Konsumausgaben des Staates sinken und dadurch kommende Generationen schlechterstellen. Es ist insofern durchaus möglich, dass die Schuldenbremse einen Anteil an der Investitionszurückhaltung des Staates hatte. Wir haben ein Jahrzehnt verschlafen, in dem wir zu günstigen Konditionen öffentliche Investitionen in die Digitalisierung und den ökologischen Umbau der Volkswirtschaft hätten finanzieren können. In der Pandemie haben wir dafür die Rechnung bekommen. Im Englischen gibt es eine schöne Formulierung für ein solches Denken: «penny wise and pound foolish». Übertriebene Sparsamkeit im Kleinen kann einen teuer zu stehen kommen.

Natürlich sind im Umgang mit Staatsschulden Vorsicht und Verantwortung geboten. Auch wenn das deutsche Wort «Schuld» in «Schulden» steckt und Letztere insofern immer einen unangenehmen Beigeschmack haben, so kommt es dennoch immer darauf an, was der Staat mit zusätzlichen Schulden macht. Konsum auf Pump ist eine schlechte Idee.[18] Investitionen und Konsum lassen sich in der Praxis und im politischen Prozess zwar oft nur unscharf voneinander trennen. Aber im Prinzip herrscht Einigkeit, dass es bei Digitalisierung und Klimawandel um Investitionen geht, die das Produktionspotential der Volkswirtschaft erhöhen und die Lebensbedingungen kommender Generationen maßgeblich mitbestimmen werden.

Man kann mehr oder weniger optimistisch sein, inwiefern es der Politik gelingt, solche Projekte zu finden und umzusetzen. Aber wenn das Kernproblem in dieser Auswahl liegt, dann sollte mehr unabhängige Expertise in den politischen Entscheidungsprozess eingebracht werden, statt die Gelegenheit verstreichen zu lassen. Wir brauchen vor dem Hintergrund der Pandemie-Erfahrungen mehr denn je eine von Scheuklappen freie Diskussion um die Frage, welche Rolle Schuldenfinanzierung von Investitionen in einem historisch niedrigen Zinsumfeld spielen kann, um die großen gesellschaftlichen Herausforderungen unserer Zeit zu meistern. Denn die strukturellen Ursachen für die globale Sparschwemme, also die Alterung der Gesellschaft, die in vielen Ländern wachsende Ungleichheit und die Nachfrage nach sicheren Anlagen aus vielen aufstrebenden Volkswirtschaften, werden nicht von heute auf morgen verschwinden. Die Frage ist, ob es gelingt, jenen Teil dieser Ersparnisse, die der Unternehmenssektor nicht nachfragt, in gesellschaftlich sinnvolle Investitionen zu lenken und neue Spekulationsblasen zu vermeiden. Die Antwort auf diese Frage könnte lauten, dass aktuell die größere Gefahr darin liegt, dass der Schuldenbremsen-Michel die Zukunftschancen bei Investitionen in den ökologischen Umbau der Volkswirtschaft und die Digitalisierung verschläft, die das gegenwärtig historisch niedrige Zinsniveau eröffnet. Wichtiger als der Kulturkampf um das Symbol Schuldenbremse ist es, in den nächsten Jahren die öffentlichen Investitionen deutlich zu erhöhen und das Land zu modernisieren. Pragmatismus und Flexibilität sind bedeutsamer als das ritualisierte Aufsagen ökonomischer Glaubensbekenntnisse. Entscheidend ist – um es mit Helmut Kohl zu sagen – was hinten raus kommt.

IV. WIRTSCHAFT UND GESUNDHEIT

> Alle bekommen den ganzen Tag so viel Information,
> dass sie den gesunden Menschenverstand verlieren.
> Gertrude Stein

Von Jürgen Habermas stammt die Idee, dass sich in einem hierarchiefreien und symmetrischen Diskurs eine kommunikative Rationalität herausbildet, mit der gesellschaftliche Herausforderungen bewältigt werden können. Die Idee der diskursiven Vernunft ist ein wichtiges Argument für demokratische Entscheidungsprozesse, auch wenn diese natürlich langwierig sein können: Es wird halt viel geredet. Auf den ersten Blick hätte man denken können, die Konferenzen der Ministerpräsidentinnen und Ministerpräsidenten mit der Bundeskanzlerin würden dem von Habermas skizzierten Ideal eines Dialogs, der zu einer vernünftigen Verständigung führt, relativ nahekommen. Dort saßen sich die Vertreter der Länder und der Bundesregierung gleichberechtigt gegenüber und konnten sich über Parteigrenzen hinweg gemeinsam auf die Suche nach der richtigen Politik machen. Aber je länger die Konferenzen dauerten und je später in der Nacht gesprochen wurde, desto irrationaler war oft das, was dabei herauskam. Man entfernte sich immer mehr vom gesunden Menschenverstand. Die Handelnden schienen zunehmend gefangen in einer politischen Eigenlogik, die nur noch wenigen zu vermitteln war und auch nicht der Stimmung im Land entsprach. So verwies die Politik als Rechtfertigung für die Öffnungsentscheidung im März immer wieder darauf, dass man den Bürgern den längeren Lockdown nicht zumuten könne, während Umfragen überwältigende Unterstützung für den Lockdown und sogar für eine Verschärfung zeigten. Im Politbarometer der Forschungsgruppe Wahlen wollten zwei Drittel der Deutschen die Maßnahmen entweder beibehalten oder sogar verschärfen. Gerade einmal 26 Prozent waren für Lockerungen. Es gab keine Hinweise darauf, dass eine Mehrheit der Bevölkerung eine Lockerung befürwortete. Ein Beobachter fühlte sich sogar an die Realitätsverzerrung im Amerika in der Zeit von Donald Trump erinnert.[1]

* * *

Als sich das Corona-Virus im Februar 2020 in Deutschland auszubreiten begann, wusste man sehr wenig über den Erreger, seine Verbreitung und die von ihm ausgelöste Krankheit. Wie gefährlich ist der Gang zum Supermarkt? Wie gut schützen Masken und wie groß ist das Risiko, sich an Oberflächen zu infizieren? Reicht Händewaschen oder besser noch Desinfektionsmittel obendrauf? In kurzer Zeit wurden viele während der Pandemie zu Amateur-Virologen und Amateur-Epidemiologen. Die Unsicherheit war groß und die wissenschaftlichen Einsichten änderten sich schnell. Was gestern sicher schien, konnte heute überholt sein. Um mit den Risiken der Pandemie umzugehen, waren wir alle auf die Wissenschaft und unser Vertrauen in deren Studien und Ergebnisse angewiesen. Nicht nur wir, sondern auch die Politik.

Die Politik konnte gar nicht anders, als sich im Dunkeln vorzutasten. Der Lockdown im März 2020 kam spät, aber gerade noch rechtzeitig. Vieles spricht dafür, dass mit Christian Drosten der richtige Mann zur richtigen Zeit an der richtigen Stelle war und die Politik überzeugt hat, nicht länger zu zögern. Es waren vielleicht zwei, drei Wochen Vorsprung, die Deutschland dadurch bekam und die neben demographischen

Faktoren erklären, warum das Land die erste Welle der Pandemie vergleichsweise glimpflich überstand. Deutschland wurde in der Welt bewundert, und im Land selbst nahm man das stolz zur Kenntnis, vielleicht sogar etwas zu selbstgefällig. Denn man muss leider feststellen, dass es nicht gelungen ist, nach den ersten Erfolgen eine kohärente Strategie für den Umgang mit der Pandemie zu entwickeln und umzusetzen. Und das, obwohl das verfügbare Wissen in den folgenden Monaten rapide zunahm. Doch es gelang nicht, dieses für das politische Handeln fruchtbar zu machen.

Um die Pandemie erfolgreich zu steuern, brauchte es eine Brücke zwischen Wissenschaft und Politik, um die wissenschaftlichen Ergebnisse aus allen relevanten Disziplinen in die politischen Entscheidungsprozesse einzubringen und in einer schlüssigen Gesamtstrategie zusammenzuführen. Diese Brücke gab es zwar in Deutschland, aber sie war schmal und wackelig. Dabei fehlte es nicht an Experten, sondern vor allem an einer institutionellen Verzahnung politischer Entscheidungsfindung mit der Wissenschaft. Wissenschaftliche Politikberatung fand auf Kanälen statt, die nicht immer klar waren und die auch nicht immer die Bandbreite der Ansätze und des Wissens adäquat wiedergaben. Der «eigentümlich zwanglose Zwang des besseren Arguments», wie Habermas es formulierte, stellte sich dabei nicht ein. Es fehlte zudem auch an Daten, aber dazu später mehr. In jedem Fall war das Ergebnis ab dem Spätsommer 2020 eine Politik der kleinen Schritte und des Durchwurschtelns, ein Handeln ohne größeren Plan und politische Führungs- oder Entscheidungsstärke, das wichtige Dinge wie etwa die Fortschritte bei der Impfstoffentwicklung aus dem Blick verlor.

Wie immer lohnt ein Blick über den Tellerrand. Am besten kamen diejenigen Länder durch die Krise, die erfolgreich eine Niedriginzidenz-Strategie einführten, darunter Australien,

Vietnam, Thailand, China, Südkorea, Japan, Finnland, Neuseeland und Norwegen. Doch die Erfolge mit solchen «No-Covid»-Strategien fanden in Deutschland kaum Eingang in den engeren politischen Entscheidungsprozess. Die Grundidee dieser Strategien bestand darin, die Infektionszahlen dauerhaft auf einem so niedrigen Niveau zu halten, dass ein normales Leben wieder weitgehend möglich sein würde.[2] Bei sehr niedrigen Infektionszahlen kann man einzelne Ausbrüche schnell unter Kontrolle bringen. Dafür ist ein einmaliger, harter Lockdown notwendig, um die Infektionszahlen so weit zu senken, dass die Gesundheitsämter lokal die volle Kontrolle über das Infektionsgeschehen haben und die Kontakte von Infizierten schnell nachvollziehen können, bevor diese wiederum infektiös werden. Eine wichtige Voraussetzung ist, dass Ausbrüche schnell erkannt und engmaschige Tests durchgeführt werden. Auch die Einreisen müssen engmaschig überwacht werden. Unter diesen Umständen können starke Fluktuationen bei den Infektionszahlen und Jo-Jo-Lockdowns vermieden werden.[3]

Es gab Zweifel, ob eine solche Strategie in Deutschland hätte erfolgreich sein können. Aber es war zumindest eine Strategie mit klar formulierten Zielen. Man kann sich die Verzweiflung der No-Covid-Vordenker vorstellen, als Wirtschaftsminister Peter Altmaier noch im April 2021 im Interview bei «Jung&Naiv» bekannte, dass er keine Konzepte kenne, mit denen man Inzidenzen dauerhaft reduzieren könne. Andere Länder haben die Herausforderung des Wissenstransfers besser bewältigt, flexibler und schneller reagiert. Deutschland ist es in der Pandemie nicht gelungen, im Diskurs eine kohärente Strategie für den Umgang mit der Pandemie zu entwickeln, diese umzusetzen und sie an neue Erkenntnisse anzupassen.

* * *

Warum aber wurde in Deutschland nicht intensiver über eine Niedriginzidenz-Strategie debattiert? Vermutlich hatte es viel mit einem handfesten ökonomischen Denkfehler zu tun. Weite Teile der Öffentlichkeit und der Politik gingen davon aus, dass der staatlich verordnete Lockdown für die ökonomischen Kosten der Pandemie verantwortlich wäre. Dies führte zu einem Zielkonflikt zwischen Wirtschaft und Gesundheit, zwischen «health» und «wealth». Zusätzliche Maßnahmen zum Gesundheitsschutz standen unter dem Generalverdacht, der Wirtschaft Schaden zuzufügen, und mussten daher mühsam begründet werden. Man hätte im letzten Jahr reich werden können, hätte man jedes Mal einen Euro bekommen, wenn in einer Talkshow ein Politiker feststellte: «Wir müssen bei den Lockdown-Maßnahmen auch an die Wirtschaft denken.» Die Auffassung, dass ein schärferer Lockdown zu deutlich größeren wirtschaftlichen Einbußen führt und daher problematisch ist, war in Deutschland weit verbreitet. Dass ein strengerer Lockdown teurer, ein lockerer Lockdown billiger ist, war aber von Anfang an zu kurz gedacht, und zwar aus zwei Gründen.

Erstens, war das Virus, nicht die staatlichen Maßnahmen, die Hauptursache für die Umsatzeinbrüche und den Rückgang der Wirtschaftstätigkeit. Zweitens – und das sollte im Verlauf der Pandemie immer klarer werden –, war ein harter Lockdown, der die Fallzahlen in wenigen Wochen scharf reduzierte, die Grundlage für eine kontrollierte Öffnung und damit für eine Rückkehr zur ökonomischen Normalität. Dort, wo die Fallzahlen stark gesenkt wurden, konnte schneller und kontrollierter geöffnet werden – und die Menschen nahmen diese Öffnungen dann wegen der niedrigen Zahlen auch an und die Wirtschaft kam wieder in Fahrt. Es brauchte dennoch viele Monate und den Erfolg solcher Konzepte in anderen Ländern, bis der vermeintliche Zielkonflikt zwischen Wirtschaft und Gesundheit ernsthaft in Frage gestellt wurde. Aber da war das Framing gesetzt. Die ganze Republik dachte beim Wort Lockdown automatisch an die wirtschaftlichen Kosten. Es war ein Denkfehler, der auf einen Holzweg führte und die wirksame Pandemie-Bekämpfung massiv erschwerte.

Studien belegen, dass der überwiegende Teil der negativen Auswirkungen, welche die Pandemie auf die Wirtschaft hatte, auf Verhaltensanpassungen und nicht nur auf Verbote zurückzuführen ist. Auch wenn sie gedurft hätten, wären viele Menschen wegen des Infektionsrisikos nicht ins Restaurant gegangen, sondern hätten zuhause gegessen. Nur wenn sich die Menschen hinreichend sicher fühlen, gehen sie aus, ins Restaurant, ins Kino oder ins Konzert. Sicherheit gibt es nur, wenn das Virus unter Kontrolle ist. Solange das nicht der Fall ist, wären auch ohne staatliche Verbote und Einschränkungen die Umsätze etwa in der Gastwirtschaft zurückgegangen.

Woher wissen wir das? Vor allem aus Studien aus anderen Ländern, anhand derer man die wirtschaftlichen Auswirkungen von unterschiedlichen Lockdown-Strategien nachvollziehen kann. Einige Länder (oder Regionen) optierten bei einer ähnlichen Ansteckungsrate für einen Lockdown, andere nicht. Dann kann man vergleichen, wie groß etwa die Unterschiede beim Rückgang der Einzelhandelsumsätze sind. Besonders anschaulich ist der Vergleich der skandinavischen Länder. In Schweden zum Beispiel hat sich die Regierung lange gegen einen harten Lockdown ausgesprochen. Die Geschäfte blieben offen, und Schweden wurde nicht zuletzt deshalb von vielen selbsternannten Querdenkern als erfolgreiche Alternative zur Lockdown-Politik gefeiert. Eine aktuelle Untersuchung zeigt aber, dass Schweden mit einem Lockdown, wie ihn andere Länder eingeführt haben, Infektionen um 75 Prozent und Todesfälle um 38 Prozent hätte senken können, und zwar ohne die wirtschaftlichen Schäden deutlich zu erhöhen.[4]

Der letzte Punkt ist entscheidend für den oft thematisierten Konflikt zwischen Wirtschaft und Gesundheit. Im zweiten Quartal 2020 fiel die Wachstumsrate der schwedischen Wirtschaft im Vergleich zum gleichen Quartal des Vorjahres um gut 9 Prozentpunkte. Die Studie zeigt, dass ein härterer Lockdown diesen Einbruch nochmal um 0,7 Prozentpunkte verschlimmert hätte – eine geringe Zahl im Vergleich zum historischen Einbruch des schwedischen Bruttoinlandsprodukts. Ganz überwiegend ging der Wirtschaftseinbruch auf das Virus selbst und die Verhaltensänderungen der Menschen zurück, nicht auf die staatlichen Maßnahmen. Das heißt aber wiederum nicht, dass die Lockdowns unnötig waren. Sie haben die Inzidenz stärker gesenkt als die Verhaltensanpassung allein, hatten aber nur geringe zusätzliche ökonomische Kosten. Der Grund dürfte unter anderem darin liegen, dass der Lockdown auch das Verhalten im privaten Bereich beeinflusste, wo die Menschen größere Risiken eingingen.

Am Ende sprachen die Zahlen eine klare Sprache: Schweden hatte im Jahr 2020 pro Million Einwohner 1403 Tote zu beklagen, Norwegen nur 166 und Finnland 141. Gleichzeitig ging die Wirtschaftsleistung in Norwegen in dem Jahr um 2,5 Prozent zurück, in Finnland um 2,8 Prozent – und in Schweden um 3,1 Prozent.[5] Anders ausgedrückt, Schwedens No-Lockdown-Strategie hatte sogar leicht höhere ökonomische Kosten, führte aber zu mehr Toten. Der gesunde Menschenverstand sagt, dass das eine wenig attraktive Kombination ist.

Die schwedischen Zahlen waren kein Einzelfall. Auch in den USA lassen sich die Effekte des Lockdowns auf Wirtschaft und Beschäftigung gut messen. Die einzelnen Bundesstaaten waren zwar relativ ähnlich von der Pandemie betroffen, haben aber unterschiedlich reagiert. Einige Staaten haben Geschäfte geschlossen und das öffentliche Leben heruntergefahren, andere Staaten sind eher dem schwedischen Modell gefolgt und haben weniger oder später dicht gemacht.[6] Dies erlaubt es zu untersuchen, ob in den Bundesstaaten, in denen der Staat strenger reagiert hat, die Umsätze und insgesamt die Wirtschaft stärker eingebrochen sind als in Staaten, in denen das nicht geschehen ist. Auch hier ist die Antwort eindeutig: Der ganz überwiegende Teil der Umsatzeinbrüche im Einzelhandel, in der Gastronomie und in anderen Sektoren war auch in Staaten zu beobachten, in denen es keinen Lockdown gab. Der Anstieg der Arbeitslosigkeit oder der Rückgang der Mobilität gingen zu einem Großteil auf die Effekte des Virus und freiwillige Verhaltensänderungen zurück. Die zusätzlichen ökonomischen Kosten durch die Lockdowns waren in der Regel vergleichsweise gering.[7] Viele Bürger passten ihr Verhalten an, weil sie Angst vor dem Virus hatten. Hotels sind nicht nur deswegen leer, weil uns der Staat sagt, dass wir da nicht hindürfen. Sie sind auch leer, weil nicht wenige Menschen Angst haben sich anzustecken.

Dies heißt im Umkehrschluss, dass staatliches Handeln, also Schließungen von bestimmten Geschäften, nur einen Teil der wirtschaftlichen Einbußen erklärt. Die oft geäußerte Ansicht, dass es ohne staatliche Maßnahmen nicht so schlimm gekommen wäre, ist nicht zu halten. Der Einzelhandel, die Hotel- und Tourismusbranche, die Kultur — all diese Branchen hätten auch ohne staatlich verordnete Schließungen oder Konzertabsagen schwere Probleme gehabt. Eine Studie des Harvard-Ökonomen Raj Chetty und seiner Koautoren zeigt zudem, dass bei hohen Inzidenzen auch vorgezogene Öffnungen aus dem Lockdown heraus kaum messbare positive Effekte hatten.[8] Auch hier ist der Vergleich von Bundesstaaten aufschlussreich. Colorado öffnete bereits relativ schnell nach dem ersten Lockdown wieder alle nicht-essentiellen Geschäfte, während sie in New Mexico geschlossen blieben. Die

Entwicklung von Konsumausgaben und Arbeitslosigkeit war in beiden Staaten annähernd identisch.

Die Geschichte der großen Influenza-Pandemie am Ende des Ersten Weltkriegs bestätigt diese Einschätzung. In US-amerikanischen Städten wurden im Herbst 1918 unterschiedliche Maßnahmen ergriffen, um die Pandemie einzudämmen. Schulen und Theater wurden geschlossen, öffentliche Versammlungen untersagt und Geschäftszeiten verkürzt. Wie heute waren auch damals die Maßnahmen in einigen Städten strikter als in anderen. In einer Studie zur «Spanischen Grippe» verfolgen die Autoren, wie sich die Gesundheitsmaßnahmen kurz- und mittelfristig auf die Wirtschaftstätigkeit ausgewirkt haben.[9] Die wichtigsten Ergebnisse sind denen aus Studien zur Covid-Pandemie sehr ähnlich: Kurzfristig gab es kaum Unterschiede zwischen Städten, die strikte und weniger strikte Maßnahmen ergriffen. Das Influenza-Virus, nicht die Maßnahmen der Regierung, führte zu Einbrüchen im Handel. Aber mittelfristig zeigte sich der Vorteil strikterer Maßnahmen auch schon damals. Denn diese schützten nicht nur vor Ansteckung, sondern sie bekämpften auch das Virus und reduzierten dadurch seine Inzidenz in der Bevölkerung. Mittelfristig erholen sich Städte, die frühere und deutlichere Maßnahmen ergriffen, wirtschaftlich schneller als andere. Auch während der «Spanischen Grippe» gab es den oft beschworenen Zielkonflikt zwischen Wirtschaft und Gesundheit wenn überhaupt nur in schwacher Form.

Die Befürworter der No-Covid-Strategie haben zu Recht immer wieder auf diesen Punkt hingewiesen: Ein entschiedener Lockdown, der die Inzidenzen erfolgreich auf ein niedriges Niveau drückt, ist auch wirtschaftlich die viel sinnvollere und kostengünstigere Politik im Vergleich zu Jo-Jo-Lockdowns auf hohem Inzidenzniveau. Auch deshalb, weil es nur bei hinreichend geringen Inzidenzwerten mit entsprechenden

Teststrategien und Kontaktnachverfolgung gelingen kann, das Infektionsgeschehen bei der Rückkehr zum normalen öffentlichen Leben unter Kontrolle zu halten. Aber auch mehr als ein Jahr nach dem Ausbruch war dieser Zusammenhang in Deutschland noch nicht wirklich verstanden. Die Befürworter der No-Covid-Strategie mussten sich weiterhin abmühen, der Politik und auch den Kollegen zu erklären, dass es eben kein Entweder-Oder zwischen Wirtschaft und Gesundheit in der Virusbekämpfung gibt, sondern dass beide Ziele, das gesundheitliche und das ökonomische, kompatibel sind. Der vermeintliche Zielkonflikt zwischen Wirtschaft und Gesundheit war ein Mythos, der uns viel Zeit, Geld und Menschenleben gekostet hat.

***

Warum entstand immer wieder der Eindruck, wir müssten uns zwischen Wirtschaft und Gesundheit entscheiden? Zu einem Teil waren hier auch wirtschaftliche Interessen im Spiel, insbesondere je länger die Pandemie dauerte. Denn mit dem Verweis auf die staatlich verordneten Schließungen konnte man argumentieren, dass der Staat für die Kosten und ausgefallenen Umsätze verantwortlich sei und in der Pflicht stehe, die Unternehmen und deren Eigentümer dafür zu entschädigen. Überraschenderweise argumentierten auch viele marktliberale Beobachter, dass wegen des staatlich verordneten Lockdowns eine weitreichende Haftungspflicht des Staates bestehe. Den Staat für die Schäden verantwortlich zu machen, hieß, dass jemand bereitstand, dem man die Rechnung zuschieben konnte. Wenn aber das Virus und die resultierenden Verhaltensänderungen der Konsumenten die eigentliche Ursache waren, wer würde dann für entgangene Umsätze einspringen? Vielleicht immer noch der Staat, aber die Begründung stand auf dünnerem Eis. Denn so sinnvoll es ist, in einer Pandemie Unternehmen und Arbeitsplätze zu bewahren und den temporären Schaden so gering wie möglich zu halten, so ist damit nicht gesagt, dass man die Eigentümerinnen und Eigentümer der Unternehmen finanziell schadlos halten muss. Denn sobald es nicht um inhabergeführte Kleinunternehmen wie die Kneipe um die Ecke, den Plattenladen oder ein Restaurant geht, sind die meisten Unternehmen als Körperschaften organisiert – etwa als GmbH oder als Aktiengesellschaft – und haben verschiedene Anteilseignerinnen und Anteilseigner. Ob und in welchem Umfang denen in der Pandemie vom Staat geholfen werden sollte, ist überhaupt nicht klar. So kann man mit guten ordnungspolitischen Argumenten zur Einheit von Gewinn und Haftung solche Hilfen etwa für Aktionärinnen und Aktionäre kritisch sehen.

Zum einen gilt aus finanzökonomischer Sicht Folgendes: Wer Anteile an Unternehmen besitzt, verdient in guten Zeiten Extra-Renditen, die für die Übernahme von Risiken entschädigen. Zu jedem Zeitpunkt existiert für ein Unternehmen ein geringes Risiko, dass ein Krieg ausbricht oder eine Naturkatastrophe eintritt und große finanzielle Schäden verursacht. Die Eigentümerinnen und Eigentümer von Kapitalgesellschaften tragen dieses Risiko und bekommen dafür eine entsprechende Rendite, die sogenannte Eigenkapitalprämie. Meistens passiert nichts und sie verdienen gut. Deshalb sind etwa die langfristigen Renditen im Aktienmarkt höher als auf dem Sparbuch: Man wird für Risiken entschädigt. In der Krise könnten dann die aufgebauten Finanzpuffer genutzt werden, um die Effekte der Corona-Krise abzufedern. Zudem war das Pandemie-Risiko an sich keine Unbekannte. Die Melinda- und-Bill-Gates-Stiftung etwa hat seit Jahren öffentlich davor gewarnt. In der Touristik und im Flugverkehr waren Risiken von Epidemien spätestens seit den SARS-Ausbrüchen in Asien im Jahr 2003 gut bekannt. Manchmal ist auch zu hören, dass sich Unternehmen gegen Pandemierisiken nicht versichern könnten, so dass Eigenvorsorge gar nicht möglich sei. Doch der Londoner Versicherungsmakler Marsh hat bereits seit einigen Jahren die Police PathogenRX im Angebot. Sie versichert Unternehmen gegen die finanziellen Schäden, die durch den Ausbruch einer ansteckenden Erkrankung entstehen. Die Police wird unterzeichnet von der Münchener Rück bzw. Munich Re, einem der großen globalen Rückversicherer, die Risiken der Versicherungsindustrie absichern.[10]

Zum anderen sind Finanzhilfen für Eigentümerinnen und Eigentümer von Kapitalgesellschaften auch verteilungspolitisch nicht unproblematisch. Wenn der Staat mit günstigen Darlehen und anderen Hilfen einspringt, um Kapitalgesellschaften vor der Insolvenz zu retten, profitieren erst einmal deren Eigentümerinnen und Eigentümer. Das Unternehmensvermögen ist aber relativ ungleich verteilt. Den reichsten 10 Prozent der Haushalte gehören rund 90 Prozent des Aktien- und Betriebsvermögens. Das Durchschnittsvermögen dieser Haushalte liegt bei mehr als 2 Millionen Euro.[11] Es handelt sich insofern um starke Schultern, die einen Teil der Kosten möglicherweise auch selbst hätten tragen können. Auch hier spielt die Frage, wer denn eigentlich für die Schäden verantwortlich ist und ob es eine Verantwortung des Staates gibt, für die entstandenen Verluste zu entschädigen, eine wichtige Rolle.

Sollten zumindest Unternehmen, die in der Krise durch Staatshilfen stabilisiert wurden, keine Gewinne in Form von Dividenden an ihre Eigentümer auszahlen dürfen? Die Bürgerbewegung Finanzwende um den Finanzexperten der Grünen, Gerhard Schick, denkt dies. Das Argument: Die Bundesregierung hat Pandemie-Hilfen in Milliardenhöhe für Unternehmen mobilisiert. Wenn jetzt Gewinne in Milliardenhöhe an die

Eigentümer ausgeschüttet werden, dann werden im Ergebnis Steuergelder, die Beschäftigung sichern und Pleiten verhindern sollten, an Aktionäre umgelenkt. In den Niederlanden etwa dürfen Unternehmen, die staatliche Gelder angenommen haben, keine Gewinne an ihre Eigentümer ausschütten.

***

Da Bund und Länder über keine klare Strategie verfügten, verhedderten sie sich im Laufe der Pandemie immer mehr im Dickicht der Einzelregelungen. Dürfen sich fünf Personen aus zwei Haushalten treffen oder vier oder doch nur drei? Zählen Kinder mit? Ab welchem Alter? Sollen Buchhandlungen aufhaben dürfen? Wenn ja, wie viele Personen dürfen pro Quadratmeter in einen Laden? Oder darf nur Bestelltes abgeholt werden? Sind Blumen Waren des täglichen Bedarfs? Und darf man noch in sein Wochenendhaus oder doch nur nach Mallorca? Da zudem jedes Bundesland seine eigenen Regeln erließ, fehlte den Bürgern bald der Durchblick, was denn nun gerade wo galt. Im Ergebnis herrschte in Deutschland ein massives Durcheinander, wo eigentlich Klarheit in der Kommunikation gefragt war. Für die Akzeptanz der Maßnahmen war dies eine schwere Hypothek.

Unter diesen Rahmenbedingungen war es fast unausweichlich, dass die Entscheidungen der Bund-Länder-Konferenz sowie des Bundesgesundheitsministeriums und anderer Behörden mitunter Inkonsistenzen aufwiesen. Carola Holzer, Notärztin aus Essen, fasste es in einem Instagram-Post in Worte, die vielen aus dem Herzen sprachen und sich ihrerseits «viral» verbreiteten: «Masken nein, dann Masken ja. Schnelltest erst nicht, dann kann es nicht schnell genug gehen. Schulen auf, Schulen zu, dann wieder auf. (...) Ein (...) Impfstoff, der (...) kurz vor der Massenverteilung aus dem Verkehr gezogen wird, weil extrem seltene Nebenwirkungen im Raum stehen. Dessen Verimpfung dann nach wenigen Tagen weitergeht. 35-50-100-Inzidenzbremsen, die dann doch nicht gezogen werden ...»[12]

Bei den zahlreichen Lockdown-Entscheidungen war die Risikoneigung eher hoch. Man zögerte und nahm dadurch steigende Inzidenzzahlen und ein Volllaufen der Intensivstationen in Kauf. Nicht zuletzt deshalb, weil man sich zu Unrecht vor den Kosten der Maßnahmen fürchtete. Der am No-Covid-Konzept beteiligte Helmholtz-Forscher Michael Meyer-Hermann konstatierte im April 2021 nüchtern: «Die Kosten der Notbremse bei Schwellenwerten 35 oder 100 sind gleich. Der Unterschied sind dreimal so viele Tote.»[13]

Gleichzeitig war die Risikotoleranz bei der Impfstrategie extrem niedrig. Schon bei der Zulassung ging man, anders als etwa Großbritannien, nicht den Weg einer Notzulassung, sondern eines regulären Zulassungsverfahrens, auch aus Haftungsgründen, wie es immer wieder hieß. Ob Haftungsüberlegungen in einer Pandemie vorrangig sein sollten, ist aber zweifelhaft, zumal dann, wenn – wie im Fall von BioNTech – das entscheidende Unternehmen ein Start-Up mit einem begrenzten Eigenkapital ist. Wenn die Technik nicht funktioniert, würde da sowieso nicht viel zu holen sein. Und warum versicherte der Staat bereitwillig die Schäden des Lockdowns, war aber nicht bereit, die Risiken des Impfens zu tragen? Zudem machte man sich offenbar Sorgen um die Akzeptanz des Impfstoffs, wenn dieser eine Notzulassung bekommen würde. Auch das war vielleicht übervorsichtig, wie die Erfahrungen aus anderen Ländern zeigen. In Deutschland war später von der befürchteten Impfskepsis nicht viel zu sehen.

Viel Glaubwürdigkeit hat dagegen die übervorsichtige und gesundheitspolitisch wohl falsche Entscheidung der Ständigen Impfkommission gekostet, den AstraZeneca-Impfstoff anfänglich nicht für über 65-Jährige zu empfehlen. Nicht nur war diese Entscheidung inhaltlich nicht ohne weiteres nachzuvollziehen. Auch wenn keine ausreichenden Studienergebnisse für diese Altersgruppe vorlagen, war der Impfstoff zwischenzeitlich millionenfach in Großbritannien an diese Altersgruppe verimpft worden, so dass es reichlich Daten gab. Entscheidender war, dass der Impfkommission offenbar nicht in den Sinn kam, welchen Schaden eine solche Empfehlung für einen Impfstoff bedeuten würde, der zumindest in der Anfangsphase eine zentrale Rolle für die deutsche Impfkampagne spielen sollte. Es war offenbar niemandem bewusst, welche Auswirkungen es haben würde, einen Impfstoff für eine Altersgruppe für «nicht wirksam» zu erklären.

Dass später eine komplette Umkehr erfolgte, weil das Paul-Ehrlich-Institut Mitte März die Impfung mit AstraZeneca aussetzte und dann dieser Impfstoff nur noch für die Altersgruppen empfohlen war, für die man ihn nur wenige Wochen vorher ausgeschlossen hatte, vervollständigte das Kommunikationsdesaster. Später sollte dann die ablehnende Haltung vieler über 60-Jähriger gegenüber dem AstraZeneca-Impfstoff die weitere Impfkampagne verkomplizieren.

Die Ministerialbürokratien waren angesichts der komplexen Fragen im Zusammenhang mit Übertragungswegen, Verlaufsprognosen, Modellierungen, Mutationen und Mobilitätsmustern mit ihrem Latein irgendwann erkennbar am Ende. Es ist auch fast unmöglich, dass Ministerien und andere Behörden in Echtzeit auf der Höhe der jeweils letzten Forschungsergebnisse bleiben, selbst wenn sie sich immer wieder Rat von Fachleuten holen. Und es ist ebenso unmöglich, dass wissenschaftliche Institute alle politischen und gesellschaftlichen Folgewirkungen ihrer Handlungen im Blick haben. Das ist auf beiden Seiten eine Überforderung.

Im Grunde fehlte es Deutschland an einem institutionellen

Rahmen, um Wissenschaft und Politik effizient zu verzahnen. Natürlich gab es Konsultationen. Doch mit wem? Wer wählte aus, welche Wissenschaftler befragt wurden und nach welchen Kriterien? Und wer entschied, ob etwa das Paul-Ehrlich-Institut seine Empfehlungen zu AstraZeneca mit politischen Stellen abstimmte oder nicht? Offensichtlich fehlte es im Land nicht nur im Digitalbereich an Infrastruktur, sondern auch bei den politischen Entscheidungsprozessen im Umgang mit der Pandemie. Im Ergebnis wurde daher über manche eminent wichtige Frage noch nicht einmal diskutiert.

Etwa diese: War es angesichts des knappen Impfstoffs und der hohen Infektionsraten sinnvoller, einem möglichst großen Teil der Bevölkerung einen ersten Impfschutz durch eine einmalige Impfung zu geben und den Abstand zur Zweitimpfung zu strecken, also letztlich auch auf eine Unterbrechung der Ansteckungen zu setzen statt allein auf den vollständigen Schutz bestimmter Bevölkerungsgruppen durch möglichst schnelle Verabreichung beider Dosen?

Viele Daten deuteten darauf hin, dass bereits die erste Dosis einen sehr guten Schutz vor schweren Verläufen gab und dass zudem die Viruslast geringer war, so dass die Übertragungsrisiken zurückgingen. Dagegen sprach, dass die Zulassung der Impfstoffe vorsah, beide Dosen in einem Abstand von etwa drei Wochen (BioNTech) oder vier Wochen (Moderna) zu geben. Aber dies waren mehr oder weniger willkürlich gewählte Abstände im Rahmen des ursprünglichen Studiendesigns der beiden Hersteller. Zeit zum Experimentieren mit den optimalen Impfabständen gab es nicht. Dank neuer Daten stand etwa bei dem AstraZeneca-Impfstoff schon Anfang Februar fest, dass bereits die erste Dosis in 76 Prozent der Fälle Schutz gegen Infektionen und nahezu in 100 Prozent der Fälle Schutz gegen schwere Verläufe gibt. Auch bei dem BioNTech-Impfstoff lag britischen Daten zufolge der Schutz schon 15 Tage nach der ersten Impfung bei etwa 90 Prozent.[14] Die entsprechende Studie für die britische Impfkommission lag sogar bereits im Dezember 2020 vor. Israelische Ergebnisse aus dem Januar 2021 zeigten ebenfalls einen 85-prozentigen Schutz 15 Tage nach der Erstimpfung mit dem BioNTech-Impfstoff.[15] Später kam eine Studie in der angesehenen Zeitschrift «Nature» zu dem Schluss, dass die Immunantwort durch eine Verzögerung der zweiten Dosis des BioNTech-Wirkstoffs sogar höher ist als nach einer Zweitimpfung nach drei Wochen.[16]

Mit einer breit angelegten Ein-Dosis-Strategie hätte man auch in Deutschland aus dem anfänglich nur knapp vorhandenen Impfstoff das meiste herausholen können. Man hätte zudem auch schneller größeren Bevölkerungsgruppen als nur den älteren Haushalten Zugang zum Impfstoff geben können, insbesondere Haushalten, welche die größten Kosten der Pandemie trugen. Das waren nicht die Rentner und Pensionäre im Land, sondern arbeitende Eltern, die durch die neue ansteckendere Variante, die sich auch in Kindergärten und Schulen ausbreitete, besonders gefährdet waren. Kanada machte später vor, wie erfolgreich ein solches Programm in kurzer Zeit sein konnte. Obwohl das Land mit großem Rückstand und ohne eigene Impfstoffproduktion gestartet war, überholte es noch im Mai 2021 Deutschland und sogar die USA bei der Quote der Erstimpfungen.

Die Daten hierfür lagen seit dem Dezember 2020 vor: Eine einmalige Impfung hätte doppelt so viele Menschen schützen und damit die Ausbreitung der dritten Welle verlangsamen können. Am Ende ist vielleicht sogar weniger entscheidend, welche Strategie die richtige war. Es gab Vor- und Nachteile beider Ansätze und die Entscheidungen waren mit viel Unsicherheit verbunden. Wirklich problematisch ist jedoch, dass es offenbar keinen geeigneten politischen Raum für diese Diskussion und eine entsprechende Risikoabschätzung gab. Es ist gut möglich, dass ein pragmatischerer Umgang mit den Impfabständen die Ausbreitung der dritten Welle des Virus schneller gestoppt und damit die gesundheitlichen und volkswirtschaftlichen Kosten reduziert hätte.

In Großbritannien hat das direkt beim Gesundheitsministerium angesiedelte Joint Committee on Vaccination and Immunization (JVCI) – ein Gremium, das in etwa mit der deutschen Ständigen Impfkommission vergleichbar ist – früh empfohlen, möglichst viele Erstimpfungen vorzunehmen, um einer hohen Zahl gefährdeter Menschen so schnell wie möglich einen ersten Impfschutz zu geben und die Ausbreitung des Virus in der Bevölkerung rasch zu senken. Die Empfehlung war einfach: so viele Erstimpfungen wie möglich, dafür den Abstand zur zweiten Dosis auf bis zu drei Monate ausweiten. Das Gremium entschied sich quasi in Echtzeit für diese Empfehlung. Das JVCI sollte recht behalten: Zusammen mit dem Lockdown reduzierten sich die Ansteckungsraten in Großbritannien massiv. Dass Deutschland es nicht einmal vermocht hat, eine Diskussion über eine solch zentrale Frage zu führen, sagt viel aus. Es gab kein Abwägen der Vor- und Nachteile, keinen institutionellen Dialog zwischen der Ständigen Impfkommission und der Politik.

Wissenschaftliche Politikberatung fand in Deutschland mehr oder weniger ad hoc statt. Das Bundesgesundheitsamt existierte schon seit den 1990er Jahren nicht mehr. Natürlich gab es das Robert-Koch-Institut, das eine kombinierte Aufgabe als angewandtes Forschungs- und Beratungsinstitut hat, aber nicht die Breite der Fächer und Perspektiven abdeckt. Die «Ad-hoc-Stellungnahmen» der Nationalen Akademie der Wissenschaften Leopoldina zum aktuellen Infektionsgeschehen und zu den Politikoptionen waren kein Teil der politischen Entscheidungsmaschinerie, sondern stellten lediglich Expertise bereit. Ein Gremium von acht Expertinnen und Experten wurde zudem zur Vorbereitung der Sitzungen des Corona-Kabinetts herangezogen, um die Politiker zu informieren.

Und dann war da noch Karl Lauterbach. Der gesundheitspolitische Sprecher der SPD ist einer der fachlich besten Gesundheitspolitiker Deutschlands. Er war als Ein-Mann-Think-Tank unterwegs und erschien zeitweise als eine Parallelregierung in den Talkshows. Warum, so möchte man fragen, war der kompetenteste Gesundheitspolitiker, den die Regierungsparteien hatten, nicht Teil des Corona-Kabinetts oder stärker in die Regierungsarbeit eingebunden?

Deutschland hatte kein Gremium, das Wissenschaft und Politik institutionell vernetzt und wissenschaftliche Expertise systematisch in den politischen Entscheidungsprozess eingebunden hätte. Forderungen der Grünen nach einem Pandemierat verliefen im Sand. In anderen Ländern existieren solche Gremien. In Großbritannien gibt es etwa auf höchster politischer Ebene eine enge institutionelle Verbindung zwischen dem Civil Contingencies Committee, einem Krisenstab, der die verschiedenen Arme der Regierung in nationalen Krisenfällen koordiniert, und der Wissenschaft. Die Zusammensetzung des Krisenstabs ändert sich je nach Sachlage, die wichtigsten Fachminister und Dienste sitzen am Tisch, den Vorsitz führt der Premierminister oder der ranghöchste Minister im Raum. Unterstützt wird dieser Krisenstab im Katastrophenfall von der Scientific Advisory Group on Emergencies, was man in etwa mit «Wissenschaftliche Beratergruppe für Notfallsituationen» übersetzen könnte. Es ist ein Expertengremium, das wissenschaftliche Erkenntnisse eng in den politischen Entscheidungsprozess integrieren soll, mit dem Ziel, eine «einzige Quelle koordinierter wissenschaftlicher und technischer Beratung» bereitzustellen. Somit existiert in Großbritannien eine Institution, die wissenschaftliche Expertise systematisch einbringen kann, so dass der fachliche Streit – etwa um die

Interpretation von Ansteckungszahlen in Schulen – nicht in erster Linie in Talkshows geführt werden muss. Letztlich wird hier ein erfolgversprechendes und moderneres Modell der Politikberatung angewendet, nämlich eines, in dem die Wissenschaft auch in die weitere Verwertung ihrer Expertise eingebunden ist, auch wenn die letzte Entscheidung der Politik vorbehalten bleibt und bleiben muss.

Es geht dabei nicht um Wissenschaftsgläubigkeit. Die Perspektive der Wissenschaft kann zu eng sein. Dass die Ständige Impfkommission entschied, AstraZeneca anfänglich nicht für über 65-Jährige freizugeben, um dann wenige Wochen später den Impfstoff nur noch für diese Altersgruppen zu empfehlen, illustriert das. Die Wissenschaftler waren hier auf der Grundlage geringer Information wahrscheinlich zu vorsichtig. Politik und Wissenschaft hätten miteinander kommunizieren und die Bedeutung einer solchen Entscheidung für die gesamte Impfkampagne bedenken müssen. Die Politik muss das letzte Wort bei der Risikoabwägung haben und die Verantwortung übernehmen.

* * *

Deutschland fehlte aber auch noch in einer weiteren Hinsicht die kritische Infrastruktur, um wissenschaftlich fundierte Entscheidungen zu treffen und die Pandemie effektiv zu managen: bei den Daten. Viele Dinge scheiterten nicht nur an der mangelnden Verzahnung von Politik und Wissenschaft, sondern schlicht an unserem Unwissen: Die deutsche Dateninfrastruktur war mangelhaft. Der «Welt»-Journalist Olaf Gersemann sah den «Tatbestand der vorsätzlichen Ahnungslosigkeit» erfüllt. Der Bildungsjournalist Jan-Martin Wiarda sprach von einer «Datenerhebungskatastrophe» und fügte hinzu: «Das Pandemiemanagement der Bundesrepublik baut auf einem Corona-Monitoring auf, das diese Bezeichnung nicht verdient.»[17]

Auf Wiardas spannendem Blog kann man nachlesen, warum ein Corona-Panel, in dem jede Woche ein repräsentativer Querschnitt der deutschen Bevölkerung getestet würde, nicht zustande gekommen ist: Wissenschaftler forderten es seit Beginn der Pandemie, aber irgendwo zwischen den Hauptakteuren, dem Statistischen Bundesamt, dem Robert-Koch-Institut, dem Bundesministerium für Bildung und Forschung und dem Bundesgesundheitsministerium versickerten alle Pläne für ein Monitoring in einem schwarzen Loch. Bis zum Ende der Pandemie schaffte es das Land nicht, mit wiederholten Tests einer repräsentativ ausgewählten Bevölkerungsstichprobe die Infektionen, ihre Dynamiken und Symptomatik nachzuvollziehen.

Politik und Wissenschaft sind datentechnisch mehr oder weniger blind durch die Pandemie gestolpert. Inzidenzen können wir nur auf der Grundlage von Testergebnissen berechnen, die nicht zufällig sind. Das Resultat: Die Fallzahlen sind mit Sicherheit falsch und verzerrt. Wir wissen nur nicht, wie sehr. Aus Österreich gibt es Schätzungen, dass die Zahlen um mehr als 30 Prozent zu niedrig waren. Für Modellierungen der Pandemie können solche Differenzen einen enormen Unterschied machen. Aufgrund mangelnder Tests und Daten wussten wir auch nicht, wo sich Menschen angesteckt haben. Das wiederum machte es schwer zu beurteilen, welche Maßnahmen vielversprechend sein konnten, um die Ausbreitung zu stoppen. Waren nächtliche Ausgangssperren eine gute Idee? Ganz genau konnte niemand die Frage beantworten, weil dazu in Deutschland keine Daten erhoben wurden.[18] Auch hier ist der Blick nach Großbritannien aufschlussreich. Das Office for National Statistics (ONS) hat es innerhalb kurzer Zeit geschafft, gemeinsam mit der Universität Oxford einen «COVID-19

Infection Survey» aufzusetzen. Die daraus gewonnenen Daten waren dann auch die einzigen, die in der deutschen Debatte benutzt werden konnten, denn eigene hatten wir nicht.

Die Pandemie hält insofern eine fundamentale Lektion für die Politik der Zukunft bereit. Wenn wir in Fragen des Klimawandels oder des technologischen Umbruchs erfolgreiche Politik machen wollen, brauchen wir eine bessere Verzahnung und Zusammenarbeit von Politik und Wissenschaft. Wir brauchen auch bessere Daten und mehr Geld für die Forschung: Jan-Martin Wiarda rechnet vor, dass das National Institute of Health (NIH) in den USA, eine Kombination aus Bundesgesundheitsamt, Forschungsinstitut und Förderorganisation, rund 6000 Forscher mit einem Jahresbudget von 39 Milliarden US-Dollar finanziert.[19] Das deutsche Robert-Koch-Institut hingegen hat ein Jahresbudget von rund 100 Millionen Euro. Wenn es eine hoffentlich unbestrittene Lehre aus der Pandemie gibt, dann diese: Investitionen in die Wissenschaft lohnen sich.

V. WARP SPEED

> Estragon: Nichts zu machen.
> Wladimir: Ich glaube es bald auch.
> Samuel Beckett

Der Kobayashi-Maru-Test hat immer wieder die Phantasie der Fans von Star-Trek-Filmen beflügelt. Es ist ein Test für angehende Offiziere der Sternenflotte, benannt nach der Kobayashi Maru, einem Frachter, der in der neutralen Zone zwischen dem klingonischen Reich und der Föderation havariert ist. Die Kadettin oder der Kadett wird als Kommandant eines Raumschiffs der Sternenflotte im Simulator in die Situation gebracht, in der sie oder er sich zwischen zwei Handlungsoptionen entscheiden muss, die beide riskant sind. Wird dem Hilferuf der Kobayashi Maru nicht gefolgt, werden klingonische Schiffe sie mit Sicherheit zerstören. Die Besatzung würde nicht überleben. Wird dagegen versucht, den Frachter zu retten, stehen das eigene Schiff und das Leben der Crew auf dem Spiel. Der Test ist so programmiert, dass eine Übermacht klingonischer Schiffe erscheint, sobald in die neutrale Zone eingedrungen wird. Der Kampf ist aussichtslos, die Crew bezahlt den Rettungsversuch mit dem Leben. Beide Handlungsalternativen führen ins Desaster.

Es sei denn, man ändert die Spielregeln. Das ist es, was Captain Kirk tut, um der vermeintlich ausweglosen Situation zu entkommen: Er programmiert den Simulator so um, dass es möglich wird, die Kobayashi Maru zu retten und den Test der Sternenflotte zu bestehen. Er löst das Problem, indem er die Spielregeln ändert und sich aus dem Regelkorsett befreit, das die Auswegslosigkeit diktiert. Deutschland tat sich in der Pandemie schwer damit, seinen selbstgesetzten Regeln zu entkommen, auch wenn diese einem effektiven Krisenmanagement im Weg standen. Eines der größten Hindernisse im Umgang mit dem Virus war eine unsichtbare Mauer in den Köpfen, die verhinderte, anders, flexibler und direkter mit Problemen umzugehen und über sie anders nachzudenken. Es fehlte mitunter der Mut, zu improvisieren und neue Wege zu gehen, Anreize zu setzen, und auch das Selbstvertrauen, einen Schalter im Kopf umzulegen und zu sagen: Das ist eine Ausnahmesituation, es geht auch mal anders, etwa mit kürzeren Zulassungsfristen, Notgenehmigungen, digitalen Unterschriften oder weniger Datenschutz. Das Land blieb in seinem selbstgemachten Regeldickicht gefangen und schaffte es nicht, von «geht nicht» auf «geht doch» umzuschalten.

***

Am deutlichsten zeigte sich diese Schwerfälligkeit bei der Impfstoffbeschaffung. Im Gegensatz zu Deutschland hatten die USA und auch Großbritannien trotz – oder vielleicht sogar wegen – ihrer marktliberalen Grundeinstellung gar kein Problem damit, dem Staat in der Ausnahmesituation eine umfassende Rolle in dem «kriegswichtigen» Sektor Impfstoffproduktion zu geben. Fast ohne größere Diskussion haben hier außerordentliche Krisenstäbe und Task Forces die Zusammenarbeit zwischen Staat und Privatsektor koordiniert und auf das Ziel der frühzeitigen Impfstoffbeschaffung für die eigene Bevölkerung ausgerichtet.

Am 12. August 2020 veröffentlichte ein Team um den BioNTech-Gründer Uğur Şahin in der Zeitschrift «Nature» die ersten positiven Zwischenergebnisse zur Effektivität ihres mRNA-Impfstoffs in einer Testgruppe von 45 Personen. Am

30. September folgte ein Update. Es gab keine Zweifel mehr an der starken Antikörper- und T-Zellen-Reaktion nach der Verabreichung des neuartigen Impfstoffes. Ein gutes halbes Jahr nach dem Beginn der Pandemie war ein Impfstoff in Aussicht. Und es war nicht der einzige. Auch von Moderna in den USA und von der Universität Oxford kamen vielversprechende Neuigkeiten. Zu diesem Zeitpunkt lief das Impfstoff-Programm der US-Regierung bereits auf Hochtouren. Die Star-Trek-Serie stand Pate für die Namenswahl von «Operation Warp Speed», mit der die US-Regierung die Entwicklung und Produktion eines Impfstoffs gegen das Corona-Virus mit rund 18 Milliarden US-Dollar unterstützte. Auch in Großbritannien war die «Vaccine Task Force» damals schon Monate im Amt, seit dem 20. Mai, um genau zu sein.

Beide Länder hatten verstanden, dass der soziale Nutzen auch nur eines einzigen Monats weniger Pandemie diese Kosten bei weitem übersteigt, und haben die Ressourcen des Staates entsprechend mobilisiert. Eine einfache Überschlagsrechnung zeigt das. Wenn man annimmt, dass durch Covid die Wirtschaftsleistung um 5 Prozent einbricht – was ziemlich genau der Schätzung des Statistischen Bundesamtes für den Rückgang der deutschen Produktion im Jahr 2020 entspricht –, dann sollten wir als Gesellschaft bereit sein, bis zu 5 Prozent unseres Einkommens dafür auszugeben, diesen Einbruch abzuwenden. Schon wenn wir nur 4 Prozent zahlen müssen, machen wir 1 Prozent «Gewinn». Das Bruttoinlandsprodukt pro Kopf liegt in Deutschland bei etwa 40 000 Euro. 5 Prozent von 40 000 sind 2000 Euro pro Einwohner. Für zwei Impfungen ergibt sich in dieser sehr einfachen Rechnung ein Preis von rund 1000 Euro pro Impfung, den wir als Gesellschaft bereit sein sollten zu zahlen. Tatsächlich liegen die Kosten für eine Dosis des BioNTech-Impfstoffs bei etwa 15 Euro – und damit bei nur etwa 1/70 des Nutzens, den er der Gesellschaft bringt. Die

Preisgestaltung der Hersteller war insofern nicht besonders aggressiv.

Die gleiche Rechnung ermöglicht auch eine grobe Einschätzung der Gesamtkosten der Pandemie. Ein Rückgang der deutschen Wirtschaftsleistung um 5 Prozent entspricht in etwa 175 Milliarden Euro, aufs Jahr gerechnet, oder rund 15 Milliarden Euro im Monat. Für die USA sind die Zahlen etwa sechsmal höher: Die Kosten liegen bei rund 1000 Milliarden Dollar im Jahr und gut 80 Milliarden pro Monat. Das erklärt auch, warum das Weiße Haus so bereitwillig 18 Milliarden US-Dollar für «Operation Warp Speed» ausgab. Im Verhältnis ist der Betrag immer noch gering. Die USA hätten noch größere Summen investieren können.

In Großbritannien setzte sich die «Vaccine Task Force» aus hohen Beamten und Wissenschaftlern zusammen und hatte nur ein Ziel: so schnell wie möglich so flächendeckend wie möglich Impfstoff für Großbritannien zu entwickeln, zu produzieren und zu verteilen. In typisch britischem Pragmatismus war es nicht etwa eine Beamtin, die die Task Force leitete, sondern eine kompetente Outsiderin aus dem Privatsektor, die aus ihrer Zeit als Wagniskapital-Investorin beste Kontakte in die Wirtschaft hatte und direkt an Premierminister Johnson berichtete: Kate Bingham. Die Koordinierung fand nah an der Politik statt, leitende Ärzte und Berater waren eingebunden, aber die Strategieentwicklung lag in den Händen von Kate Bingham.

In Deutschland war die Lage im Sommer 2020 eine andere. Die wenigsten in der Berliner Politik hatten zu diesem Zeitpunkt die überragende Bedeutung der Impfstoffproduktion auf dem Schirm. Denn die Impfstoffbeschaffung hatte man nach Brüssel ausgelagert. Damit war das Thema von den Berliner Schreibtischen verschwunden. Der Bundesgesundheitsminister war sich noch ein halbes Jahr später, im November 2020, nicht einmal sicher, ob es überhaupt einen Impfstoff geben würde – und das zu einer Zeit, als die Tests von BioNTech und Moderna in der Endphase waren. In einem Interview aus dem Januar 2021 erklärte Jens Spahn: «Bis November wussten wir nicht einmal, ob wir überhaupt einen wirksamen Impfstoff bekommen.»[1] Doch, wussten wir. Es war schon lange vor November abzusehen, dass es einen Impfstoff geben würde. Wenn Jens Spahn in dem Interview die Wahrheit sagte, dann unterlag die Berliner Politik einer Fehleinschätzung. Es gab keinen Grund, nicht schon im Sommer zu überlegen, wie man die Produktionskapazitäten für die Impfstoffe möglichst rasch ausweiten könnte und wo sich die benötigten Rohstoffe und Vorprodukte auftreiben ließen. Die Amerikaner und Briten machten es ja zeitgleich vor.

Spahn fügte an: «Vielleicht hätte man mit dem Wissen von heute schon mal Produktionsstätten auf gut Glück aufgebaut. Aber stellen Sie sich vor, wir wären mit 30 Milliarden Euro eingestiegen, und es hätte am Ende nicht geklappt?»[2] An dieser Aussage sind mindestens zwei Dinge bemerkenswert. Zum einen, dass der Bundesgesundheitsminister auch im Januar 2021 offenbar keine genauere Vorstellung hatte, wie hoch die ökonomischen Kosten der Pandemie waren. Der BIP-Verlust belief sich im Jahr 2020 auf 175 Milliarden Euro. Da sind 30 Milliarden an zusätzlichen Kosten für die öffentliche Hand auf einmal gar nicht mehr so viel. Sie entsprechen in etwa den Produktionsverlusten von zwei Monaten Pandemie. Zum anderen offenbart die Aussage, wie wenig der Bundesgesundheitsminister auch im Januar 2021 noch über die Vakzin-Produktion wusste. Denn die Kosten für eine weitere Fertigungsanlage wie diejenige, die BioNTech in Marburg aufgebaut hat, belaufen sich nach Schätzungen des Imperial College London auf rund 200 Millionen Euro.[3] Mit anderen Worten, man hätte mit einer vergleichsweise geringen Investition im Sommer

2020 das Impfdebakel des Frühjahrs 2021 vermeiden und viele Menschen vor einer Infektion bewahren können. Vorausschauende Risikosteuerung geht anders.

Jens Spahn war allerdings in bester Gesellschaft. Bundeswirtschaftsminister Peter Altmaier hatte auch im Februar 2021 bei Anne Will noch keine genaue Vorstellung, wie die Lieferketten der Impfstoffproduktion aussehen und wo die Engpässe sind. Von Wagniskapital-Mentalität war in Berlin zu einem Zeitpunkt, als der Staat hätte ins Risiko gehen müssen, nichts zu spüren. Brüssel war zuständig. Aber während gleichzeitig die USA und auch Großbritannien alle Anstrengungen unternahmen, die vorhandenen Kapazitäten maximal zu nutzen, setzten Brüssel und Berlin allein auf das aufgeklärte Selbstinteresse der beteiligten Firmen.

Grundsätzlich war es unter politischen und auch ökonomischen Gesichtspunkten eine durchaus sinnvolle Entscheidung, Brüssel mit der Bestellung des Impfstoffes zu beauftragen. Symbolisch sollte es zeigen, dass Europa gemeinsam und solidarisch zu handeln versteht. Aber die Entscheidung war auch unter materiellen Gesichtspunkten sinnvoll. Denn in einem integrierten Binnenmarkt ohne Grenzen kann sich die Wirtschaft nur dann erholen, wenn alle Länder wieder auf den Beinen sind. Einen politisch entzweienden Wettlauf der Europäer um den Impfstoff, in dem man sich unter Umständen gegenseitig überboten hätte, galt es zu vermeiden. Schließlich war die Idee auch deshalb charmant, weil seit vielen Jahren darüber diskutiert wird, dass die EU bestimmte öffentliche Güter besser bereitstellen kann als die einzelnen Staaten. Dies gilt etwa bei der Bekämpfung des Klimawandels, der bekanntlich nicht an Ländergrenzen haltmacht, bei der Besteuerung multinationaler Unternehmen, dem Umgang mit Flüchtlingen oder der Wahrnehmung europäischer Interessen im globalen Handels- und Finanzsystem. Oder eben bei der Bereitstellung des Impfschutzes für einen Binnenmarkt ohne Grenzen. Brüssel hätte seinen Wert unter Beweis stellen und den Kritikern damit den Wind aus den Segeln nehmen können.

Aber die EU ging mit diesem Auftrag knauseriger um als die immer wieder gern als Vergleich bemühte schwäbische Hausfrau und schaute auf Kosten und Haftungsrisiken, nicht auf den sozialen Nutzen. Nach vielen Jahren, in denen der Umgang Brüssels mit Geld immer wieder teils ungerecht kritisiert wurde, war die Sparsamkeit ins Blut übergegangen. Der Historiker Jan-Werner Müller hat in der «London Review of Books» die Tragik auf den Punkt gebracht: «Das Problem waren die Prioritäten dieser Bürokratie, die unter normalen Umständen lobenswert gewesen wären: sicherzustellen, dass die Impfstoffhersteller die Haftung übernahmen (...), und niedrige Preise zu verhandeln.»[4]

Die EU klingelte an der Tür der Impfstoffhersteller als Kunde, nicht als Partner. Aber «the best deal for Europe» war nicht, den Impfstoff billiger als alle anderen zu bekommen, sondern viel davon und so früh wie möglich, indem man sich an den Risiken beteiligt. Der Brüsseler Behörde fehlte diese Geisteshaltung eines Wagnisfinanziers. Die Auslagerung nach Brüssel führte zudem dazu, dass das Thema Impfen in den europäischen Hauptstädten fast völlig von den politischen Radarschirmen verschwand. Dabei lagen dort – und nicht in Brüssel – die Kompetenzen und politischen Handlungsmöglichkeiten, um Produktionsprozesse zu unterstützen und zu beschleunigen. Eine koordinierte Beschaffung der für die Produktion notwendigen Geräte und Rohstoffe konnte nur über die Regierungen in Berlin, Paris und Rom laufen. So kam Europa in die unglückliche Situation, zwar eine große Pharmaproduktionskapazität zu haben, aber diese Ressourcen in der größten Gesundheitskrise nicht voll mobilisieren zu können.

Damit ist Berlin aber nicht aus dem Schneider. Denn natürlich hätte der Vertreter des Bundesgesundheitsministers am Brüsseler Verhandlungstisch auf einen viel mutigeren Kurs bei der Impfstoffbeschaffung drängen können und müssen. Es handelte sich insofern nicht nur um ein Versäumnis einer überforderten Brüsseler Behörde, sondern auch um eines der Bundesregierung. Johnson, Netanjahu und selbst Trump hatten die überragende Bedeutung der Impfung für das Ende der Pandemie früh verstanden. In Berlin brütete man stattdessen detailversessen über Lockdown-Strategien.

***

Die Brüsseler Behörde und ihre deutsche Chefin haben in der Pandemie zumindest anfänglich keine gute Figur abgegeben. Für viele Jahre wird man sich in Brüssel auf ein großes «Aber» gefasst machen müssen – in etwa so, wie der Berliner Flughafen für ein ganzes Jahrzehnt in jeder deutschen Diskussion über öffentliche Investitionen erwähnt wurde. «Aber» damals bei der Impfstoffbeschaffung hat Europa doch gezeigt, dass es nicht liefert, wenn es muss. Erfolg ist die beste Werbung für Europa, und die Impfstoffbeschaffung in der Pandemie war kein Erfolg.

Dabei war es auch im Dezember 2020 noch nicht zu spät. Das Problem war offenkundig: Es war nicht genug Impfstoff da. Etwa 3700 Liter des vom Mainzer Unternehmen BioNTech hergestellten Wirkstoffs braucht man, um ganz Deutschland gegen das Corona-Virus (zweimal) zu impfen. Das entspricht etwa 15 vollen Badewannen und klingt erstmal nicht viel. Aber es gab sie nicht. Konnte man kurzfristig mehr Impfstoff herstellen?[5]

Ökonomen hatten schon in frühen Tagen der Pandemie auf das mögliche Marktversagen bei der raschen Ausweitung von Produktionskapazitäten für Schnelltests und Impfstoffe hingewiesen. Bei der Produktion von Impfstoffen und von Schnelltests stellte sich im Grunde das gleiche Problem: Die Produzenten hatten keinen ausreichenden Anreiz, kurzfristig massiv in die Ausweitung der Produktionskapazitäten zu investieren. Selbst wenn es möglich wäre, die Kapazität so schnell hochzufahren, dass die ganze Welt in sechs Monaten versorgt wird, ist das aus Sicht einer Firma wie BioNTech und seiner Aktionärinnen und Aktionäre nicht unbedingt attraktiv, weil die Kosten dafür sehr hoch wären. Ein gewinnmaximierender Unternehmer wird sich zweimal überlegen, ob es sich lohnt, eine teure neue Fabrik zu bauen, die zwar kurzfristig produziert, aber vielleicht in einem Jahr stillsteht – oder ob es sich nicht doch mehr rechnet, mit den bestehenden Kapazitäten ein paar Monate länger an der Auslastungsgrenze zu fahren. Auch den Zulieferern hätte man mehr zahlen müssen, um die Produktion zu skalieren. All das kostet Geld und drückt den Gewinn. Einfacher ist es, auf Sicht zu fahren und keine zu großen finanziellen Risiken einzugehen.

Diese Aussage ist im Übrigen kein Misstrauensantrag gegenüber den beteiligten Unternehmen und sollte nicht als solcher missverstanden werden.[6] Die Pandemie hat gezeigt, in welchem Maße unternehmerische Innovationskraft, natürlich auch auf der Grundlage öffentlich geförderter Grundlagenforschung, ein existenzieller Faktor in der Pandemiebekämpfung war. Aber dennoch sind die Anreize für ein Unternehmen nicht optimal, kurzfristig alles Menschenmögliche zu tun, um so schnell wie möglich mehr zu produzieren. Wenn es ein paar Monate länger dauert, ist das für das Unternehmen kein großes Problem. Aus gesellschaftlicher Sicht hingegen sind zwei Monate mehr oder weniger in der Pandemie eine halbe Ewigkeit und extrem teuer. Als Gesellschaft hatten wir daher ein überragendes Interesse an einer rapiden Produktionsausweitung. Hier hätte der Staat einspringen und den Unternehmen dabei helfen müssen, Impfdosen oder auch Schnelltests trotzdem in größerem Umfang zu produzieren und dafür neue Kapazitäten aufzubauen.

Dafür gibt es zwei denkbare Modelle. Das erste besteht darin, dass der Staat Zuschüsse zur Produktion oder Prämien für schnellere Lieferungen auslobt. Schon ein Zuschuss in Höhe der volkswirtschaftlichen Kosten der Pandemie (allein in Deutschland circa 3,5 Milliarden Euro pro Woche) wäre für die Hersteller ein erheblicher Anreiz gewesen, die Produktion zu beschleunigen. Er hätte BioNTech zudem in die Lage versetzt, seinen Zulieferern die Kosten einer Beschleunigung zu erstatten. Natürlich wäre ein solcher Zuschuss teuer gewesen im Vergleich zu den bestellten Dosen. Er wäre aber immer noch billig gewesen im Vergleich zu den laufenden Kosten, die das Corona-Virus verursachte. Zudem hätten bei schneller hochgefahrenen Produktionskapazitäten auch andere Länder in der Welt profitieren und den Impfstoff noch 2021 statt 2022 erhalten können.

Aber auch in diesem Anreiz-Modell gibt es keine Garantie, dass die Unternehmen wirklich die Produktion bis zum sozialen Optimum ausweiten, weil es sein kann, dass z.B. vertragliche Pflichten oder Genehmigungsverfahren im Weg stehen. In einem zweiten, radikaleren Modell stellt der Staat auf Corona-«Kriegswirtschaft» um und greift dirigistisch ein. Die Abrechnung mit den Unternehmen, deren Patente man gekapert hat, erfolgt dann später, wenn das Virus besiegt ist. Aber auch hier gibt es Risiken und Nebenwirkungen. Zum einen ist nicht klar, wie effizient der Staat die komplexe Produktion managen könnte. Zum anderen ist nach der Pandemie vor der Pandemie. Kein Zweifel, dass Forscher wie Şahin und Özlem auch beim nächsten Mal alles stehen und liegen lassen, um einen Impfstoff zu entwickeln. Aber ob die Geldgeber wieder mitspielen, ist eine andere Frage und dürfte davon abhängen, wie die Endabrechnung zwischen Staat und Unternehmen aussieht.

Wir wissen nicht, in welchem Ausmaß die Impfstoffproduktion in Europa hätte ausgedehnt werden können, wenn wir rechtzeitig alle Ressourcen gebündelt hätten, die der europäische Binnenmarkt bietet. Ein guter Teil der deutschen Politik und, so muss man leider auch sagen, der medialen Öffentlichkeit war der Meinung, dass sich die Produktionsmengen des Impfstoffs kurzfristig nicht erhöhen ließen. «Der Kuchen ist fix.» Im Brustton der Überzeugung wussten viele, dass auch massive finanzielle Mittel zur Produktionsausweitung an der Menge und dem Zeitpunkt der Lieferung von Impfstoffen nichts ändern würden. Über den immer detaillierteren Lockdown-Lockerungs-Verschärfungs-Verlängerungs-Debatten hat die Politik unterschätzt, in welchem Ausmaß der Staat dabei helfen kann, die Impfstoffproduktion zu beschleunigen – durch Anreize, durch Koordination oder durch Eingriffe in die Produktion.

Denn mit den richtigen Anreizen und staatlicher Unterstützung war der Kuchen des zur Verfügung stehenden Impfstoffs eben nicht fix, sondern konnte größer werden. Die USA machten zeitgleich vor, dass eben doch vieles geht, wenn man unternehmerischen Erfindungsgeist, finanzielle Anreize und staatliche Hilfen auf das gleiche Ziel ausrichtet. Dort gab es etwa den «Defence Production Act», der der Impfstoffproduktion absoluten Vorrang gab. Keine Vorprodukte durften anderweitig verwendet werden. In den USA schaffte es Pfizer unter anderem deshalb, zwei Monate früher deutlich mehr Impfstoff zu liefern als angekündigt, eben weil man diese Kräfte gebündelt und die Dynamik losgetreten hatte.

BioNTech gelang es innerhalb von acht Wochen, eine Produktionslinie in Marburg aufzubauen. Wäre eine zweite möglich gewesen? Hätte man die Genehmigungsprozesse von sechs auf drei Wochen halbieren können, wenn der Staat ins Risiko gegangen wäre? Hätte man arbeitsrechtliche Auflagen und vertragliche Bindungen im Einzelfall so ändern können, dass auch in Deutschland mit «Warp Speed» eine zusätzliche Produktionslinie in wenigen Wochen hätte entstehen können? Hätte man Abfüller oder Zulieferer von anderen vertraglichen Verpflichtungen befreien können? Walther Rathenau brauchte zu Beginn des Ersten Weltkriegs wenige Wochen, um die von wichtigen Rohstoffen abgeschnittene deutsche Wirtschaft auf Kriegsproduktion umzustellen. Damals ging es um die gesamte deutsche Wirtschaft. Anfang 2021 ging es um eine winzige Anlage, nicht einmal ein Wohnzimmer groß. Es ging um einen Standard-40-Liter-Bioreaktor von Sartorius, in dem der Wirkstoff für über 1 Milliarde BioNTech-Dosen im Jahr produziert werden kann. Plus Reagenzien, Reinräume und Mikromischer.

Natürlich war dies eine komplexe Aufgabe. Und gerade die Beschaffung der nötigen Rohstoffe und Vorprodukte, die zur «Verpackung» der mRNA verwendeten Lipide etwa, war nicht trivial. Im Rückblick spricht vieles dafür, dass es mit staatlichen Anreizen noch Anfang 2021 möglich gewesen wäre, die Produktion massiv zu beschleunigen, so dass wir uns zwei Monate früher aus der Pandemie hätten herausimpfen und enorme Kosten vermeiden können. Die Lipid-Produktion stellte sich als viel kleineres Hindernis heraus. Die Firmen Merck und Evonik brauchten gerade einmal acht Wochen für den Produktionsaufbau. Schon am 21. April verkündete der Chief Operating Officer von BioNTech, Sierk Poetting, dass bei der Produktion noch «Luft nach oben» bestünde.[7] Der Staat hätte rechtzeitig mit Anreizen und Koordination eingreifen müssen. Das Versäumnis der Bundesregierung und der EU betraf also nicht nur den Sommer 2020, sondern reichte bis in den Februar. Denn erst am 17. Februar 2021 wurden die zusätzlichen Verträge mit BioNTech und Moderna geschlossen, auch diesmal ohne Anreize oder Prämien für eine schnellere Lieferung. Wenn wir die Ressourcen der deutschen und europäischen Pharmaindustrie frühzeitig gebündelt hätten, hätten wir eine zweite Produktionslinie in vier Wochen aufbauen und die Produktion der benötigten Vorprodukte entsprechend ausweiten können.

Weder die USA noch Großbritannien hatten mit solchen Interventionen größere Probleme. In Washington wurde nicht wochenlang kontrovers diskutiert, ob ein Koordinator die nationalen Produktionsanstrengungen überwachen würde und mit präsidentiellen Vollmachten, die aus Kriegszeiten stammen, Lieferbetriebe und Lieferanten verpflichten konnte, zunächst für die Impfstoffherstellung zu produzieren, bevor andere privatwirtschaftliche Verträge erfüllt wurden. Es wurde einfach gemacht und für selbstverständlich gehalten. Stattdessen starrte die deutsche Politik wie das Kaninchen vor der Schlange gebannt auf die Unternehmen, die den begehrten Impfstoff nur tröpfchenweise lieferten und vor allem mit der EU Katz und Maus spielten. Insbesondere AstraZeneca enttäuschte. Die Angaben zu Liefermengen und Fristen änderten sich im Wochentakt. Wer genau was wann liefern würde, blieb lange unklar. Das «Quartal» war auf einmal die kleinste Datumseinheit im Kalender und «Impfangebot» ersetzte das viel zu konkrete Wort «Impftermin».

Die deutsche Politik brachte den Dezember und den Januar damit zu, das Problem der zu geringen Impfstoffproduktion erstmal zu leugnen – in etwa die gleiche Zeit, die BioNTech benötigte, um eine Produktionslinie in Marburg aufzubauen. Erst als sich das Problem partout nicht mehr von der Hand weisen ließ, wurde zum 1. Februar ein Impfgipfel einberufen.[8] Aber nun ging auch der gründlich daneben, und zwar mit Ansage. Das verpatzte Gipfeltreffen reihte sich nahtlos ein in die

Fehler, die die Berliner Impfstrategen in den vorangegangenen Monaten begangen hatten. Wer auf neue Ideen oder gar Ergebnisse gehofft hatte, wurde gründlich enttäuscht. Die Firmen vorzuladen und von ihnen Erklärungen für langsame Lieferungen zu verlangen, war schon kein guter Einstieg. Was soll denn das Unternehmen BioNTech sagen, wenn es gefragt wird, ob es nicht schneller liefern kann? Ja, könnten wir, machen wir aber nicht? Die Frage impliziert schon ein Unterlassen. Konstruktive Lösungen können im öffentlichen Anklage-Modus nicht gewonnen werden. Die Antwort war absehbar: Mehr geht einfach nicht. Die Firmen tun bereits das Menschenmögliche.

Die richtige Frage wäre gewesen: Was braucht ihr, um in den nächsten sechs Wochen zusätzliche Kapazitäten für Millionen von Dosen zu schaffen? Was braucht ihr, um eine weitere Produktionslinie aufzubauen und zu betreiben? Solche Fragen hätten Handlungsräume eröffnet. Es steht nicht genug geschultes Personal zur Verfügung? Vielleicht gibt es ja die eine oder andere Labortechnikerin oder gar Professorin an Universitäten und Forschungseinrichtungen des Landes, die aushelfen könnte. Nicht genug Rohstoffe? Vielleicht lässt sich mit viel Geld auch in der Lieferkette die Produktion erhöhen. Ohnehin hätte man schon im Vorfeld direkt und diskret mit den Unternehmen sprechen müssen – ohne Medienspektakel. Schritt für Schritt hätte man überlegen können, ob es im größten Binnenmarkt der Welt und mit den enormen Finanzmitteln des Staates nicht doch eine Lösung für dieses oder jenes Problem gibt.

Am Ende gelang es dann noch, die Zahl der gelieferten Dosen zu erhöhen. Der später eingesetzte europäische «Impfzar» Thierry Breton hat viele Dinge richtig gemacht und die europäische Impfstoffversorgung deutlich beschleunigt. Die Industriepolitik und Produktionskoordinierung, die Breton betrieb, zeigte schnell Wirkung: Im Mai 2021 gab es 53 Vakzin-Produktionsstätten in Europa.[9] Im Januar 2021 war es nicht einmal ein Dutzend. Viel war möglich, man musste sich nur trauen.

Auch die deutsche Impfkampagne hat schließlich nach viel öffentlichem Drängen an Fahrt aufgenommen – mit einem Rückstand von etwa zwei Monaten auf die USA und Großbritannien. Aber auch im April sind jeden Tag noch gut 200 Menschen in Deutschland an den Folgen einer Corona-Infektion gestorben, rund 1500 in der Woche, 6000 in einem Monat. Hunderttausende haben sich zusätzlich infiziert, und Tausende werden unter Umständen noch für lange Zeit mit «Long Covid» zu kämpfen haben. Aus dieser Perspektive sind zwei Monate eine lange Zeit. Mehr wäre möglich gewesen. Denn am Ende zeigte sich genau das, was die Kritiker immer gesagt hatten: Die Produktionsmengen waren nicht fix, sondern elastisch. Mit besseren Anreizen und früherer und größerer staatlicher Unterstützung hätte es viel schneller gehen können. Eine Kapazitätsausweitung hätte mit aller Kraft schon ab dem Herbst 2020 betrieben werden müssen, spätestens ab Dezember 2020, als die enormen Lücken offenbar wurden. Aber es gelang zu lange nicht, den Schalter umzulegen. Deutschland blieb bei Plan A.

***

Im Nachhinein ist es leicht zu sagen, dass Deutschland jemand mit der amerikanischen Geisteshaltung von Captain Kirk fehlte, der «geht nicht» bei den Vakzinen nicht akzeptierte und bereit war, die Regeln zu ändern, um zu gewinnen. Aber das Land und seine Politiker waren in einer eigenartigen Handlungsunfähigkeit gefangen und zogen es oft vor, das Offensichtliche zu leugnen – den Mangel an Impfstoff, das inkonsistente Hin und Her bei den Lockdown-Regelungen –, statt das Heft des Handelns in die Hand zu nehmen. Woher kam diese Verzagtheit und Ängstlichkeit der deutschen Politik? Natürlich spielten Persönlichkeiten eine Rolle. Insbesondere Kanzlerin Merkel ist bekannt dafür, lieber viele kleine Schritte als einen großen Schritt zu machen. Wenn man unter großer Unsicherheit entscheiden muss, kann ein solches Vortasten durchaus Sinn ergeben: Wenn man nachts im dunklen und kalten Wald steht und nichts sieht, dann rennt man nicht blindlings los, sondern tastet sich vor. Aber wenn dann irgendwo ein Licht auftaucht, das die Rettung bedeuten könnte, dann muss man alles daransetzen, es zu erreichen. Doch selbst als das Licht zu sehen war, tastete Deutschland sich weiter vor, als wolle man das Vortasten perfektionieren, statt das Problem zu lösen.

Aber es gibt auch tiefere Gründe für die mangelnde politische Führungsstärke, Verzagtheit und Schwerfälligkeit. Zurückhaltung statt Aktionismus, stabile Rahmenbedingungen statt direkte Eingriffe, Regeln statt Experimente – so lauten die Grundfesten der Wirtschaftspolitik der Bundesrepublik. Und das Land ist damit in der Vergangenheit gut gefahren. Otto Schlecht, langjähriger Beamter im deutschen Wirtschaftsministerium und oft als das «marktwirtschaftliche Gewissen» der alten Bundesrepublik bezeichnet, formulierte es so: «In der Sozialen Marktwirtschaft beweist der Staat seine Stärke, indem er sich immer auf die Gestaltung und die Durchsetzung der Rahmenordnung mit entsprechenden Regeln und Institutionen beschränkt, die ergänzenden Politiken behutsam einsetzt und marktkonform gestaltet und so für Bürger und Unternehmen verlässliche Rahmenbedingungen für individuelle Aktivitäten schafft.»[10]

Regelorientierung nimmt im deutschen wirtschaftspolitischen Denken im internationalen Vergleich eine herausgehobene Stellung ein. Regeln schaffen stabile Rahmenbedingungen, an denen sich Bürger und Unternehmen orientieren können. Der Staat setzt und beschützt diesen Ordnungsrahmen, innerhalb dessen Wettbewerb, Innovation und Wachstum stattfinden können, aber er mischt sich sonst nicht weiter ein. Als Schiedsrichter greift er weder ins Spiel der Marktkräfte ein noch ändert er allzu häufig die Regeln, sondern setzt auf Konstanz. So lässt sich das Staatsverständnis des deutschen ordnungspolitischen Denkens und seiner ordoliberalen Väter Walter Eucken und Franz Böhm in wenigen Worten zusammenfassen. Das Ziel der Regelbindung liegt darin, Instabilität zu vermeiden und eine freiheitliche Wirtschaftsordnung zu ermöglichen und zu erhalten.

Seine historischen Wurzeln hat dieses Denken in der Abgrenzung vom Dritten Reich, als die Nationalsozialisten den Staat zum Instrument einer diktatorischen Übernahme von Wirtschaft und Gesellschaft machten. Aber auch die chaotische Endphase der Weimarer Republik gab einen wichtigen Anstoß zu dieser Neuorientierung. Man nahm in dieser Zeit den Staat als Spielball ökonomischer Interessen wahr, als einen krisengeschüttelten, mit Aufgaben überfrachteten und letztlich schwachen Interventionsstaat. Die Fehler, die zu der Krise in der Endzeit der Weimarer Republik beigetragen hatten, wollte man nicht wiederholen. Während Carl Schmitt den Ausnahmezustand begrüßte und als Moment beschrieb, in dem sich zeige, wer souverän ist, stand die Vermeidung des Ausnahmezustands im Zentrum des ordoliberalen Denkens. Zwar wollten auch Eucken und Co. einen «starken Staat», aber dessen Stärke sollte zur Kontrolle ökonomischer Macht eingesetzt werden und selbst ans Recht gebunden sein. Dem ordoliberalen Denken liegt das oben beschriebene Captain-Kirk-Szenario fern, in dem sich jemand emporschwingt und mit dem Verweis auf eine Notsituation die Regeln ändert.

Das ordnungspolitische Stabilitäts- und Krisenvermeidungsdenken hat die Bundesrepublik stark geprägt und viel zu ihrem wirtschaftlichen Erfolg beigetragen. Die Frage nach den Handlungsoptionen in Krisensituationen stellte sich zum Teil auch gar nicht, denn in der frühen Bundesrepublik hatten sich die Alliierten das Recht vorbehalten, in solchen Fällen wieder das Ruder zu übernehmen. Zudem machten die Alliierten den Müttern und Vätern des Grundgesetzes sehr deutlich, dass sie nur einer Verfassung zustimmen würden, die eine ganze Reihe von «Checks and Balances» enthielt, vor allem einen starken Föderalismus, und ein Durchregieren von oben sehr schwer machen würde. Eine explizite Notstandsgesetzgebung gab es bis 1968 gar nicht – stattdessen ein Bundesverfassungsgericht als Hüter der Verfassung mit weitreichenden Eingriffsmöglichkeiten gegenüber der Regierung. Die Gefahr eines übergriffigen Staates war weiter allgegenwärtig, die regelgebundene Politik sollte im Bereich der Wirtschaft eine Wiederholung freiheitsbedrohender Tendenzen vermeiden. Sie war darin auch erfolgreich: Stabile Rahmenbedingungen haben Haushalten und Unternehmen Planungssicherheit gegeben, stabilitätsorientierte Geld- und Fiskalpolitik haben die Volkswirtschaft in ruhigem Fahrwasser gehalten und geholfen, lärmigen wirtschaftspolitischen Aktionismus zu vermeiden.

Aber was, wenn die Krise da und staatliches Handeln gefragt ist? Wenn es um das Management von Krisen geht, um Zielkonflikte zwischen kurzfristiger Stabilisierung und langfristiger Ordnung? Dann werden andere Perspektiven und Handlungsoptionen wichtig. Während in normalen Zeiten die Devise gilt, dass keine Steuerung durch den Staat die beste Steuerung ist, gilt dies in Krisenmomenten nicht. In Krisen ist schnelles, durchgreifendes Handeln gefragt. Improvisation und manchmal auch unkonventionelle Lösungen werden wichtiger. In der Pandemie war der Staat dann überfordert, wenn Entscheidungen gefällt werden mussten, für die es kein Regelbuch gab, bei denen es pragmatisch Risiken abzuschätzen galt – und Schnelligkeit und die Fähigkeit, die Dinge ungefähr richtig zu machen, wichtiger waren als Gründlichkeit und exakte Regeleinhaltung. Dafür braucht man Selbstvertrauen, die Bereitschaft, Bewährtes zu überdenken, und die Einsicht, dass im Krisenmanagement manchmal auch Dinge notwendig sind, die in normalen Zeiten falsch sind. Ein solches Umschalten zwischen Normal- und Ausnahmezustand ist eine notwendige Voraussetzung, um in Krisen erfolgreich zu sein.

Anders als die USA kann Deutschland nicht auf eine Tradition erfolgreichen Krisenmanagements durch den Staat zurückgreifen – so wie das Präsident Biden aktuell mit Roosevelts «New Deal» macht. Mit der Devise «We have nothing to fear but fear itself» – «Wir haben nichts zu fürchten außer der Furcht selbst» – bereitete Roosevelt die Nation nach 1933 auf den Sprung ins Unbekannte, in eine neue Politik der Experimente vor, der das Land aus der Weltwirtschaftskrise herausführen sollte. Es funktionierte. Hätte eine aktivere staatliche Politik, ein «New Deal», wie ihn Präsident Roosevelt in den USA in den 1930er Jahren umsetzte, damals Deutschland vor dem Abgrund des Nazi-Regimes bewahren können? Kontrafaktische Fragen lassen sich schwer beantworten, aber einiges spricht dafür. Dabei war es sogar so, dass entsprechende Vorlagen in den Schubladen der deutschen Ministerien lagen. Aber Reichskanzler Brüning wollte erst dann zu einer aktiveren staatlichen Politik umschwenken, wenn es gelungen war, die aus dem Versailler Vertrag stammenden Reparationen loszuwerden. Neue Forschung zeigt, dass die ökonomischen Kosten dieser Austeritätspolitik verheerend waren.[11] Auf der rechten Seite des politischen Spektrums gab es starke Kräfte, die die Krise zu einer Überwindung des verhassten parlamentarischen Parteienstaates benutzen wollten. Anstatt die Krise abzumildern, wurde sie daher noch teils bewusst verschärft und damit Hitler in die Hände gespielt. Anders als die USA versagte Deutschland damals beim Krisenmanagement. Im Nachhinein wäre jede Intervention, jedes Ausgabenprogramm billiger gewesen als das, was danach kam. Es ist gut möglich, dass die Sprach- und Mutlosigkeit der deutschen Politik angesichts der Herausforderungen teilweise auch damit zu tun hat, dass wir eben keine Traditionslinie wie den «New Deal» haben, auf die man sich in Krisenzeiten als Beispiel erfolgreicher Krisenbewältigung berufen kann.

* * *

Die in London lehrende Ökonomin Marina Mazzucato fordert schon seit einiger Zeit eine Neukonzeption der Rolle des Staates. Sie sagt: «Politik braucht gesellschaftliche Ziele, einen Auftrag, eine Mission. Den ersten Mann auf den Mond zu bringen, das war solch eine Mission. Ein Land sollte sich klarwerden, was die wichtigsten Herausforderungen sind. Das können verschmutzte Städte sein oder die alternde Bevölkerung. Diese sollte es in eine Mission verwandeln: saubere Städte, eine Lösung für die demografische Krise. Dann muss man überlegen, welche Investitionen notwendig sind, um das Ziel zu erreichen.»[12] Vielen Wirtschaftsliberalen werden sich bei solchen Gedanken – ähnlich wie bei der Idee der Industriepolitik – die Nackenhaare sträuben. Woher hat der Staat dieses Wissen, wie maßt er sich das an?, möchte man mit Hayek fragen. Die Vorbehalte sind völlig berechtigt.

Ob wir aber diese Ideen so einfach vom Tisch wischen können, ist eine andere Frage. Denn die Pandemie hat auch gezeigt, dass wir mehr Flexibilität und unternehmerischen Geist in der Politik brauchen, um mit großen Herausforderungen fertigzuwerden. Solche «Missionen» können in Kooperation mit dem Privatsektor durchaus funktionieren, wenn sie gut geplant und definiert sind. Das Beispiel von Kate Bingham und ihrem Team in Großbritannien hat es gezeigt. Auch die Erfolge der amerikanischen DARPA (Defence Advanced Research Agency) sind hier zu nennen. DARPA ist eine staatliche Agentur, die in den letzten Jahrzehnten viele der wichtigen «Sprunginnovationen», darunter Teile der Internet-Technologie, initiiert hat. «Mission» heißt insofern nicht, dass der Staat diese auch selbst ausführen müsste oder sollte. Zum anderen gibt es auch ökonomische Argumente dafür, dass der Staat in der ökologischen Transformation eine Vorreiterrolle spielen kann. So steht außer Frage, dass eine CO_2-Bepreisung der beste und effizienteste Weg ist, um Emissionen zu reduzieren. Überall dort, wo Preise sinnvoll zur Steuerung genutzt werden können, müssen sie eingesetzt werden. Preise zeigen Wirkung. Man muss nur an die Reaktionen auf den Ölpreisschock der 1970er Jahre denken, der in vielen Ländern – wohl mehr als der Bericht des Club of Rome – zu einem Umdenken bei der Energiepolitik führte. Frankreich setzte verstärkt auf Kernenergie, Dänemark begann, Windenergie ernsthaft zu erforschen. Denn auch wenn der Begriff der staatlichen «Planung» in der Klimapolitik eine Renaissance erfährt,[13] kann letztlich nur der Markt über den Preismechanismus diese komplexe Koordination vornehmen, um private Investitionen zu lenken.

Aber das wird nicht reichen. Unter Klimaökonomen herrscht weitgehend Einigkeit, dass der Staat eine wichtige Rolle beim komplementären Umbau der Infrastruktur spielen muss. Zudem kann er über kluge Anreizsetzung, intelligente Wohn-, Energie- und Mobilitätskonzepte unterstützen. Gerade im Verkehr muss schnell etwas passieren, weil die Emissionen seit 1990 nur wenig gefallen sind – vor allem, weil die Autos zwar effizienter geworden sind, aber gleichzeitig auch größer, so dass sich an den Emissionen wenig geändert hat.[14] Auch industriepolitische Spielräume eröffnen sich, weil erfolgreiche Länder die Technologieführerschaft in Schlüsselsektoren erringen und dadurch einen Wettbewerbsvorteil in der Ökonomie von morgen haben. Solche Gedanken sind nicht mehr weit entfernt von Mazzucatos Idee der staatlichen «Missionen» – wie das Mondprojekt von Präsident Kennedy oder eben auch das Impfstoff-Programm «Warp Speed».

VI. DAS ZWEITE MAL ALS FARCE

Die Geschichte lehrt dauernd, aber sie findet keine Schüler.
Ingeborg Bachmann

Der britische Soziologe Anthony Giddens taufte das Phänomen in seinem Buch zur Politik des Klimawandels auf seinen eigenen Namen und nannte es das «Giddens-Paradox».[1] Ob er es auch als Erster beobachtet hat, muss offenbleiben. Das Giddens-Paradox zeigt, dass beim Klimawandel der Handlungsdruck, unter dem die Politik steht, für lange Zeit gering ist: Die Temperaturen steigen langsam an, so dass der Prozess für die Menschen anfangs kaum wahrnehmbare Konsequenzen hat. Erst wenn sich die Effekte über die Zeit kumuliert haben und für alle sichtbar sind, ist der Handlungsdruck so groß, dass weite Teile der Bevölkerung ein Gegensteuern unterstützen. Aber dann ist es zu spät.

Giddens argumentiert, dass wir in der Falle sitzen: Demokratische Mehrheiten für eine Politik, die den Klimawandel effektiv bekämpft, wird es erst dann geben, wenn es eigentlich zu spät ist, wenn der Klimawandel so weit vorangeschritten ist, dass er sich nicht mehr leugnen, aber eben auch nicht mehr abwenden lässt. Das gleiche Phänomen lässt sich auch in anderen Zusammenhängen beobachten, etwa beim Rauchen. Eine einzelne Zigarette macht kaum einen Unterschied, die gesundheitlichen Schäden bauen sich über die Zeit auf. Aber wenn man erst dann mit dem Rauchen aufhört, wenn die ersten schweren Symptome kommen, dann ist es zu spät.

Das deutsche Pandemie-Management funktionierte im Grunde nach dem gleichen Prinzip. Gehandelt wurde erst, wenn die Infektionsraten schon zu hoch waren. Aber dann war die nächste Welle bereits im Land und nicht mehr ohne weiteres aufzuhalten. Natürlich ist abwarten und erst dann handeln, wenn es keine Alternativen mehr gibt, auch eine Strategie, um mit hoher Unsicherheit umzugehen. In Krisensituationen ist diese Reaktion immer wieder anzutreffen: Prokrastination und Vertagung von Entscheidungen in der Hoffnung, dass in der Zukunft mehr Klarheit besteht. Aber diese Klarheit kommt selten. Das Vertagen der Beschlüsse bis zum nächsten Corona-Kabinett machte die Entscheidungen nicht einfacher. Denn in der Zwischenzeit entwickelte sich die Situation dynamisch weiter. Wie beim Klimawandel treibt eine solche Strategie vor allem die Kosten in die Höhe und reduziert Gestaltungsmöglichkeiten. Wenn das Haus erst einmal brennt, braucht man die Feuerwehr. Für Brandvermeidung ist es dann zu spät. Die Kosten sind enorm.

* * *

Wenn das deutsche Krisenmanagement nur in der Pandemie geschwächelt hätte, könnte man es als einen Ausrutscher abtun. Aber es zeigten sich strukturelle Defizite, die dringend behoben werden müssen. Besonders erhellend ist ein Vergleich mit der letzten großen Krise, der globalen Wirtschafts- und Finanzkrise, aus der die Eurokrise folgte. Auch hier war die deutsche Politik mitunter durch eine Verschleppung der Entscheidungsfindung geprägt. «Extend and pretend» – «verlängern und so tun als ob» – war lange Zeit das inoffizielle Motto der Krisenpolitik, sei es bei der Bankensanierung oder dem Hilfsprogramm für Griechenland, dessen Finanzsystem und Staatsfinanzen in Schieflage geraten waren. Gemäß dem Giddens-Paradox wurde oft erst dann gehandelt, wenn es in den Brüsseler Konferenzsälen 5 nach 12 oder noch später war und am nächsten Morgen die globalen Finanzmärkte mit Kursrutschen auf eine Nicht-Einigung reagiert hätten. Die Rettungspakete in der Eurokrise wurden oft im letzten Augenblick geschmiedet, wenn es eigentlich schon zu spät war. Vorausschauende Risikoeinschätzung und proaktive Steuerung fanden so gut wie nicht statt. In den Wochen des Abwartens zuvor waren die Probleme gewachsen, die Preise an den Finanzmärkten weiter gefallen, so dass die Kosten der Rettungsmaßnahmen stiegen.

In Deutschland hält sich zwar beharrlich die Legende, dass die Eurokrise alles in allem erfolgreich bewältigt wurde. Aber das liegt in erster Linie daran, dass die Kosten in anderen Ländern anfielen und hierzulande vergleichsweise wenig zu spüren war. Ein Blick auf die Zahlen verdeutlicht, dass sich diese positive Sicht auf das Krisenmanagement im Rückblick nicht halten lässt. Die globale Finanzkrise hatte mit einer kreditfinanzierten Immobilienmarktblase in den USA begonnen. Ihr Platzen hatte das amerikanische Finanzsystem in den Abgrund gerissen. Zwischen 2008 und 2012 gingen nicht weniger als 465 amerikanische Banken in Konkurs. Das Finanzsystem lag am Boden. Aber schon ein paar Jahre später sah es so aus, dass die Eurozone der große Verlierer der Krise war, nicht die USA: Das Bruttoinlandsprodukt der Eurozone brauchte mehr als ein halbes Jahrzehnt, bis 2015, um zum Vorkrisenniveau zurückzukehren. In den USA, dem Land, in dem die Krise ihren Ausgang genommen hatte, lag es zum gleichen Zeitpunkt schon gut 10 Prozent über dem Vorkrisenniveau.

Das Krisenmanagement in der Finanzkrise hatte einen wichtigen Anteil an der ökonomischen Verzwergung der Eurozone im Vergleich zu den USA. Im Jahr 2007 produzierte die US-Volkswirtschaft rund 1500 Milliarden US-Dollar mehr Güter und Dienstleistungen als die Eurozone. Die beiden Volkswirtschaften lagen recht nah beieinander, der Größenunterschied lag bei gut 10 Prozent. Im Jahr 2015 war dieser Unterschied auf knapp 6000 Milliarden gestiegen. Die amerikanische Volkswirtschaft produzierte zu Marktpreisen 50 Prozent mehr als Europa. Außer höherem Wachstum trugen auch Veränderungen in den Wechselkursen und leicht höhere Inflationsraten zu dieser Divergenz bei, aber das Gesamtbild bleibt: Die Eurozone hat im letzten Jahrzehnt gegenüber der amerikanischen Wirtschaft deutlich an Boden verloren. Und auch der Vergleich in eine andere Richtung fällt nicht schmeichelhaft für die Europäer aus: nämlich der mit China. Vor der Finanzkrise produzierte China weniger als die Hälfte der Eurozone. Im darauffolgenden Jahrzehnt hat es dann aufgeschlossen und die Eurozone anschließend sogar überholt. Erfolgreiches Krisenmanagement geht anders. Wie man sieht, ist mangelnde Krisenkompetenz extrem teuer. In den Worten von Martina Navratilova, der lange Zeit besten Tennisspielerin der Welt: «Um nach vorne zu kommen und dort zu bleiben, kommt es nicht darauf an, wie gut du bist, wenn du gut bist, sondern wie gut du bist, wenn du schlecht bist.»

* * *

Insbesondere in der griechischen Staatsschuldenkrise agierte die deutsche Politik streckenweise ähnlich wie in der Corona-Pandemie. Man legte sich schnell auf ein gedankliches Modell fest, von dem man dann nicht mehr wegkam. In der Pandemie war das der vermeintliche Gegensatz von Wirtschaft und Gesundheit, der bis zuletzt in den Köpfen spukte und etwa verhinderte, dass die Politik eine No-Covid-Strategie ernsthaft erwog. Das mentale Framing war gesetzt. Ein ähnlicher Prozess war in der Eurokrise am Werk, als sich Berlin auf die sogenannte Spar- oder Austeritätspolitik als Ausweg aus der Krise festlegte. Wie bei der Frage von Wirtschaft versus Gesundheit gab es auch hier gute Argumente für einen solchen Kurs, der auf die Reduktion öffentlicher Ausgaben, die Erhöhung von Steuern und marktliberale Reformen setzte, um die öffentlichen Haushalte der hoch verschuldeten Länder zu stabilisieren und nachhaltiges Wachstum zu generieren. Schließlich befand man sich in einer Staatsschuldenkrise, also war es naheliegend, die Haushalte zu sanieren und den Gürtel enger zu schnallen, um aus der Krise wieder herauszukommen.

Eine solche Sicht konnte man auch durchaus mit guten Argumenten vertreten. Das Problem lag darin, dass man gleichzeitig von der Annahme ausging, dass eine solche Politik das Wirtschaftswachstum anspringen lassen oder sich zumindest nicht großartig negativ auf dieses auswirken würde. Die Idee einer «expansiven Austeritätspolitik» wurde auch von einigen Ökonomen vertreten, die meisten Anhänger hatte sie aber im Berliner Finanzministerium und im Kanzleramt. Es machte die Krisenpolitik vermeintlich einfach: Kürzungen der Staatsausgaben, Steuererhöhungen und Reformauflagen, die die Wettbewerbsfähigkeit erhöhten, würden im günstigsten Fall gut für das Wachstum der griechischen Wirtschaft sein; im ungünstigen Fall würden sie dem Wachstum nicht weiter schaden. In jedem Fall aber würde die Schuldenquote sinken, wenn man mit Ausgabenkürzungen und Steuererhöhungen Überschüsse generierte, von denen man die Schulden abbezahlen konnte. Und langfristig würde man ein nachhaltiges Wachstumsmodell etablieren, im Gegensatz zum schuldenfinanzierten Wachstum der vorigen Jahrzehnte.

Aber die zentrale Annahme stellte sich als falsch heraus: Mit den Kürzungen fiel auch das Wirtschaftswachstum. Die Wirtschaftsleistung Griechenlands brach allein zwischen 2007 und 2015 um mehr als 25 Prozent ein. Dazu gesellte sich ein zweiter unvorhergesehener Effekt. Der Einbruch der griechischen Wirtschaft hatte Rückwirkungen auf die Projektionen zur mittelfristigen Schuldentragfähigkeit des Landes. Denn damit die Schulden auch mittelfristig tragbar bleiben, kommt es auf das Verhältnis zwischen der Wachstumsrate der Volkswirtschaft und dem Zins an, den ein Land auf die Schulden zahlen muss. In dem Maße, wie die Erwartungen für das griechische Wirtschaftswachstum zurückgingen, wurden auch Projektionen zur Tragfähigkeit der Staatsfinanzen zweifelhafter, was wiederum dazu führte, dass die Zinsaufschläge auf griechische Anleihen stiegen. Dadurch wurde es für den griechischen Staat immer schwieriger, seine Altschulden zu refinanzieren, und für Unternehmen teurer, an Kredit zu kommen. Das wiederum drückte das Wachstum und wirkte sich negativ auf die Schuldentragfähigkeit aus. Ein Teufelskreis – und das Gegenteil von dem, was man durchaus mit guten Absichten im Sinn hatte, nämlich eine Gesundung der griechischen Wirtschaft und der Staatsfinanzen.

Doch statt dies einzusehen und die Strategie zu ändern, wie das etwa der Internationale Währungsfonds vorschlug, blieb man auf dem eingeschlagenen Weg. Die Beträge wurden im Laufe der Zeit größer, aber nur der geringste Teil der europäischen Hilfskredite kam in Griechenland an. Der Wirtschaftshistoriker Adam Tooze rechnet in seinem Buch über die Krise vor, dass von den rund 225 Milliarden Euro, die in der Krise als Hilfskredite nach Griechenland gingen, nur etwa 10 Prozent, also gut 20 Milliarden, bei griechischen Steuerzahlern ankamen.[2] Der größte Teil ging postwendend zurück an die Gläubiger des griechischen Staates. Im Grunde kauften die europäischen Hilfskredite europäische Banken und Versicherungen aus den finanziellen Risiken heraus, die sie mit griechischen Staatsanleihen eingegangen waren. Das war vor allem der Angst vor einer neuen Bankenkrise geschuldet. Die Erinnerung an 2008 und die Pleite von Lehman Brothers war noch frisch. Aber es war natürlich fragwürdig, diese Programme dann innenpolitisch als großzügige Hilfen für Griechenland zu verkaufen.

Die griechischen Staatsschulden lagen zu Beginn der griechischen Schuldenkrise im Herbst 2009 bei rund 300 Milliarden Euro. Drei Jahre später, im Dezember 2012, nach verschiedenen Hilfspaketen, unzähligen Krisengipfeln und einer Umschuldung lagen sie immer noch bei 287 Milliarden – und damit fast genauso so hoch.[3] Richtig ist, dass die griechischen Schulden zwischenzeitlich noch höher waren – in der Spitze bei 350 Milliarden Euro. Die Umschuldung, die in geringem Umfang auch private Gläubiger einbezog, hatte also einen gewissen Effekt, indem sie den Schuldenstand in etwa wieder auf das Niveau von 2009 brachte. Aber unterm Strich blieb, dass die EU in drei Jahren Krise viel politisches Kapital aufgebraucht hatte und wenige Jahre nach der globalen Finanzkrise in eine zweite Rezession abrutschte. Das war ein hoher Preis für ein paar Milliarden Schuldenreduktion.

Auch in einer anderen Dimension erreichte die Strategie das Gegenteil von dem, was sie bezweckte: Die griechische Staatsschuldenquote fiel einfach nicht. Sie lag 2009 bei 150 Prozent des Bruttoinlandsprodukts. 2012 war sie trotz der Sparpolitik – oder vielleicht auch wegen ihr – auf rund 160 Prozent gewachsen und lag damit gut 10 Prozentpunkte höher. Zwei Jahre später waren es 180 Prozent. Das lag nicht nur daran, dass – wie es in Deutschland immer wieder hieß – die Griechen nicht genügend sparten. In einigen Bereichen waren die Einschnitte durchaus hart. Die öffentlichen Gesundheitsausgaben fielen zwischen 2010 und 2016 um 40 Prozent, wenn auch von einem hohen Niveau.[4] Der Grund war, dass die griechische Wirtschaft nicht aus der Rezession herauskam. Von 2008 bis 2013 befand sich Griechenland jedes Jahr in der Rezession – in etwa ebenso lang, wie die deutsche Wirtschaft in der Weltwirtschaftskrise Anfang der 1930er Jahre. Der ökonomische Zusammenbruch führte dann auch zu einer politischen Radikalisierung. Der Ton wurde rauer, Kompromisse wurden immer schwieriger. Die Strategie funktionierte nicht, aber die Einsicht kam erst spät. Nötig war ein anderer Mechanismus, der im Gegenzug für glaubhafte Konsolidierungs- und Reformbemühungen die Zinsen niedrig hielt und den Ländern Raum zum Atmen gab. Nur dadurch konnte die kontraproduktive Rückwirkung von Sparpolitik auf die Wachstumsrate vermieden werden.

* * *

«Der Mut zu handeln» – «The Courage to Act» – so lautet der Titel des Buches von Ben Bernanke, dem ehemaligen Chef der US-Notenbank Federal Reserve, in dem er über seine Jahre als Krisenmanager in den USA nachdachte. Er trifft den Unterschied im Krisenmanagement zwischen den USA und Europa. Die USA hatten den Willen, die Finanzkrise hinter sich zu lassen und nach vorne zu schauen. Europa gelang der Befreiungsschlag lange Zeit nicht. Dort, wo es keinen direkten Handlungsbedarf gab oder das Problem auf die lange Bank geschoben werden konnte, wurde in der Regel nicht gehandelt. Dies hatte zur Folge, dass Europa länger als die USA unter den Auswirkungen der Krise gelitten hat. Ohne Handlungsdruck geschah auch dann nichts, wenn das Problem gut bekannt war, wie etwa bei den europäischen Banken, die auch mehr als ein Jahrzehnt nach der Krise eine Schwachstelle der europäischen Wirtschaft blieben.

Für die meisten Beobachter bestand schon frühzeitig kein Zweifel daran, dass die europäischen Banken durch die Finanzkrise in ein schweres Fahrwasser geraten waren. Zum einen hatten europäische Banken massiv in die amerikanische Häuserblase investiert und gehörten zu den ersten Opfern der

Krise, als die Preise für verbriefte Immobilienkredite in den Keller gingen. Zudem hatten einige große europäische Banken im Jahrzehnt vor der Krise beschlossen, in den lukrativen Handel mit komplexen Finanzprodukten einzusteigen, in dem die Margen fett waren und der traditionell von den großen amerikanischen Investmentbanken dominiert wurde. Dafür brauchten sie eine globale Präsenz, vor allem aber einen hinreichend großen Fußabdruck in den USA, dem weltgrößten Finanzmarkt. Entsprechend eng waren die Deutsche Bank, die Schweizer UBS und die Credit Suisse, aber auch die französische BNP Paribas in den Handel mit Finanzprodukten involviert, die auf dem amerikanischen Häusermarkt basierten.

Doch das war nicht alles. Denn nicht nur der amerikanische Immobilienmarkt, sondern auch europäische Immobilienmärkte waren von der Krise betroffen. Die europäischen Banken mussten mit Kreditausfällen auf beiden Seiten des Atlantiks rechnen. Und je schwerer die Rezession in Europa wurde, umso unsicherer wurden auch die Aussichten für Kredite an Firmen, deren Erträge wegbrachen. Als ob das noch nicht genug war, kamen im Laufe der Eurokrise auch noch Risiken aus den Anlagen der Banken in griechischen, italienischen und spanischen Staatsschulden hinzu. Ein toxischer Cocktail.

Die Politik intervenierte zwar, wie etwa bei der Commerzbank, wenn es keinen anderen Ausweg gab und die Schieflagen der Banken so groß waren, dass ohne staatliche Beteiligung der Zusammenbruch gedroht hätte. Aber das löste nicht das Problem, dass in vielen Bankbilanzen weiter erhebliche Risiken schlummerten, von denen keiner wusste, wie groß sie wirklich waren. Für lange Zeit wussten nicht einmal die Banken selber, welche Risiken ihre Investmentbanker eingegangen waren. Die lange anhaltende Unsicherheit über den Umfang und die möglichen künftigen Verluste aus dem Altgeschäft belastete das europäische Finanzsystem und schadete dem

Wachstum. Statt neue Investitionen zu finanzieren, kauften Banken Staatsanleihen und verbanden damit ihr Schicksal noch enger mit dem Staat, in dem sie ansässig waren. Viele Banken waren in den Augen des Marktes unterkapitalisiert und verfügten nicht über genug Eigenkapitalpuffer, um künftigen Schocks zu widerstehen und wieder neue Kredite zu vergeben. Zwar gab es verschiedene Stresstests, mit denen die Widerstandsfähigkeit der Banken durchgespielt wurde. Aber die Tests wurden so ausgeführt, dass kaum jemand daran glaubte. Jedenfalls sah es der Markt so. Ein unglaubwürdiger Stresstest war schlimmer als gar keiner. Denn jetzt gingen viele erst recht davon aus, dass in den Bilanzen Risiken schlummerten, von denen keiner so richtig wollte, dass sie ans Licht kamen.

Die USA machten zeitgleich vor, wie proaktives Risikomanagement funktionieren kann: erst staatliche Zwangskapitalisierung mit Aktienpaketen zu attraktiven Konditionen für den Staat, um die großen Banken zu stabilisieren. Dadurch wurden die Zweifel an der Stabilität des Bankensystems beseitigt und das System konnte sich erholen. Dann folgten transparente Stresstests mit glaubwürdigen Annahmen, gekoppelt an Strafen und Auflagen, wenn der Test nicht bestanden wurde. In Europa brachte man dagegen erstmal viel Zeit damit zu, das Problem zu leugnen. Eine flächendeckende Neukapitalisierung der großen, systemrelevanten Banken unterblieb. Der Vorstandsvorsitzende der Deutschen Bank, Joseph Ackermann, verkündete Anfang November 2008 großspurig, starke Banken wie die Deutsche Bank bräuchten keine staatliche Kapitalspritze. In dem Jahrzehnt nach diesem Statement fiel der Aktienpreis der Deutschen Bank in der Spitze um 80 Prozent und liegt bis heute deutlich unter dem Preis, den Investoren auf dem Höhepunkt der Krise für die Aktie zu zahlen bereit waren. Viele europäische Banken werden bis heute mit einem

Abschlag auf ihren Buchwert gehandelt, und ihre Marktkapitalisierung ist ein Bruchteil der ihrer amerikanischen Konkurrenten. Die amerikanische Regierung hingegen hat ihre Anteile an den Banken wenige Jahre später mit ordentlichem Gewinn verkauft.

* * *

In einer oft zitierten Passage zu Beginn des «18. Brumaire des Louis Bonaparte» bemerkte Karl Marx, dass sich historische Tatsachen und Personen zweimal ereignen, einmal als Tragödie, das zweite Mal als Farce. Mark Twain sah das gelassener und bemerkte, dass sich die Geschichte nicht wiederholt, sondern reimt. Aktuell deutet vieles darauf hin, dass sich Europa wieder auf einem ähnlichen Weg befindet und auch die zweite Krise in einem Jahrzehnt «verlieren» wird, jedenfalls im Vergleich zu den beiden anderen Mitgliedern des geoökonomischen G3-Clubs, den USA und China. Aktuelle Prognosen des Internationalen Währungsfonds gehen davon aus, dass Deutschland und Europa sich zum zweiten Mal nach 2008 wirtschaftlich langsamer von der Krise erholen werden als die USA und China. Für das Jahr 2021 sehen die Prognosen für Deutschland eine Wachstumsrate von 3,5 Prozent vor. Für die USA liegen die Schätzungen mit 7 Prozent in etwa doppelt so hoch – und das obwohl der Wirtschaftseinbruch dort im Jahr 2020 mit 3,5 Prozent deutlich geringer ausfiel als in Deutschland (4,9 Prozent).[5]

Die Ursache für beide Tatsachen – eine mildere Rezession im Corona-Jahr 2020 und eine schnellere Erholung – ist die gleiche: Die USA haben in stärkerem Maße als Deutschland und Europa in der Pandemie die Einkommen der Bevölkerung durch staatliche Überweisungen gestützt. Dank der hohen Transfers ist das verfügbare Einkommen der amerikanischen

Haushalte trotz des Wirtschaftseinbruchs im Jahr 2020 gestiegen, nicht gefallen. Da viele das Geld nicht ausgeben konnten, ist die Sparquote enorm gewachsen, zeitweise auf über 20 Prozent der Einkommen. Viele dieser Ersparnisse landeten im Aktienmarkt und trugen zu den Kursrekorden an den Börsen bei, die seltsam entkoppelt schienen von der ökonomischen Realität der Pandemie. Das Haushaltsdefizit in den USA, das mit neuen Anleihen finanziert wurde, erreichte im Jahr 2020 15 Prozent des Bruttoinlandsprodukts, verglichen mit etwa 5 Prozent in Deutschland. Probleme, diese Schulden am Markt zu platzieren, gab es für beide Länder nicht. Die Zinsen blieben wie auch in Deutschland niedrig. Um die Nachfrage nach amerikanischen und deutschen Staatsanleihen mussten sich die Finanzminister – und seit der Amtsübernahme von Präsident Biden die amerikanische Finanzministerin – keine Sorgen machen.

Zwar hat Europa in der Pandemie besser reagiert als nach der Eurokrise. Der 750 Milliarden Euro schwere europäische Wiederaufbau-Fonds («Next Generation EU») und die proaktive Geldpolitik der EZB haben zur Stabilisierung der Lage beigetragen. Das Signal, das von der gemeinsamen Finanzierung über den EU-Haushalt und Anleihen der Kommission ausging, war für die Finanzmärkte sehr wichtig. Aber durch das vergleichsweise schlechte Pandemie-Management (im Vergleich zur Niedriginzidenz-Strategie in China) und die langsamere Impfkampagne (im Vergleich zu den USA) startet Europa erneut mit Rückstand und dürfte der Nachzügler im Club der G3 sein. Auch das Volumen des Wiederaufbaufonds sieht im Vergleich zu den Plänen der Biden-Administration mittlerweile eher schmal aus, die Auszahlung der Mittel wird auch eher langsam vorangehen. Umso wichtiger ist es deshalb, dass die Finanzpolitik in den einzelnen Staaten Europas weiterhin das Wachstum nach Kräften unterstützt. Sonst droht, dass zum zweiten Mal innerhalb eines guten Jahrzehnts Europas geoökonomische Rivalen die besseren Krisenmanager waren. Je länger Krisen dauern, umso größer werden zudem nicht nur die ökonomischen, sondern auch die politischen Kosten. Auch das hat die Erfahrung der letzten Krise gezeigt. Die Wahlerfolge populistischer Parteien in vielen Teilen Europas waren eng mit der Eurokrise und ihren soziökonomischen Auswirkungen verknüpft. In Italien, Frankreich und den Niederlanden sind die Populisten nicht weit von der Macht entfernt. Europa kann sich auch politisch ein weiteres verlorenes Jahrzehnt nicht leisten.

Präsident Biden geht in den USA seit seinem Amtsantritt neue Wege. Er will die Krise schnell hinter sich lassen und die gesellschaftliche Spaltung der Trump-Ära überwinden. Auch seine Erfahrung als Vizepräsident in der ersten Obama-Administration spielt hierbei eine wichtige Rolle. Im Nachhinein sieht es so aus, dass Präsident Obama in den ersten zwei Jahren seiner Amtszeit zu vorsichtig agierte und die Auswirkungen der Finanzkrise nicht aggressiv genug bekämpfte. Die Resultate dieser für amerikanische Verhältnisse eher vorsichtigen Strategie waren zwar immer noch besser als die jahrelange Stagnation der europäischen Volkswirtschaft, aber nicht gut genug, um bei den ersten Zwischenwahlen erfolgreich zu sein, bei denen er eine Niederlage einstecken musste. Biden will diesen Fehler nicht wiederholen und in den ersten zwei Jahren die größten Teile seines Programms durchpeitschen. Der Wille, einen klaren Bruch mit den chaotischen vier Jahren der Trump-Präsidentschaft herbeizuführen, ist offenkundig. Biden bedient sich dafür der Instrumente des «New Deal» aus den 1930er Jahren unter Präsident Roosevelt, aber auch des großen Infrastrukturausbaus in den USA nach dem Zweiten Weltkrieg unter Präsident Eisenhower. Biden will das Land schnell aus dem Krisennarrativ befreien. Er sieht die Chance, die Infrastruktur nachhaltig zu modernisieren und Lücken im Sozial- und Gesundheitssystem zu schließen.

Der von Biden geplante Ausbau des öffentlichen Gesundheitssystems würde in einer historischen Linie mit den politischen Reaktionen auf vergangene Pandemien stehen. Die wiederkehrenden Cholera-Epidemien im 19. Jahrhundert haben maßgeblich zum Aufbau einer modernen Abwasser-Infrastruktur und Trinkwasserversorgung beigetragen, insbesondere die große Cholera-Epidemie in Hamburg 1892, an der fast 9000 Menschen starben. Robert Koch hatte zwar schon 1884 die Verbreitung der Cholera über verunreinigtes Trinkwasser nachgewiesen, aber passiert war nichts. Auch nach Ausbruch der Epidemie machte die von Kaufleuten geführte Hamburger Stadtregierung das, was laut dem britischen Historiker Richard Evans, der die umfassendste Studie zum Hamburger Cholera-Ausbruch vorlegte, alle Regierungen überall als Erstes machen: abwiegeln.[6] Erst nach der Pandemie setzte Hamburg die Pläne zum Bau von Tiefbrunnen und von Trinkwasserfiltrationsanlagen in die Praxis um.

Im Anschluss an die sogenannte «Spanische Grippe», der nach dem Ersten Weltkrieg 20 bis 50 Millionen Menschen weltweit zum Opfer fielen, wurde in vielen Ländern die Abdeckung gesundheitlicher Risiken stark erweitert. In Frankreich und Deutschland wurden die Gesundheitssysteme zentralisiert, in den USA entstanden Krankenversicherungen, die vom Arbeitgeber getragen wurden. Denn in Pandemien werden gesellschaftliche Abhängigkeiten sichtbar. Damit steigt auch die Bereitschaft, in größerem Umfang solche Risiken gemeinsam abzudecken: Dass mein Platznachbar in der U-Bahn gesund ist und keine ansteckenden Krankheiten überträgt, ist auch in meinem Interesse.

Solches Denken dürfte sich in Zukunft ökonomisch rechnen. Die Unternehmensberatung McKinsey schätzt, dass die wirtschaftlichen Kosten der Covid-Pandemie bis zu 33 000 Milliarden US-Dollar betragen könnten – knapp das Zehnfache der deutschen Wirtschaftsleistung eines Jahres –, mindestens aber 9000 Milliarden.[7] Solche Schätzungen sind natürlich mit Vorsicht zu genießen, dennoch ist klar, dass die Kosten der Pandemie enorm sind. Die jährlichen Investitionen, um künftige Pandemien weniger wahrscheinlich und beherrschbarer zu machen, nehmen sich demgegenüber klein aus. McKinsey schätzt, dass weltweit in den nächsten zwei Jahren rund 100 Milliarden US-Dollar investiert werden müssen, um Gesundheitssysteme besser vorzubereiten, Ausbrüche zu verhindern und Warnsysteme aufzubauen, die die Welt pandemiefester machen. Die Folgekosten würden danach zwischen 20 und 40 Milliarden US-Dollar pro Jahr liegen. Angesichts der hohen Kosten von Pandemien scheint dies gut angelegtes Geld.

***

In Deutschland hat sich noch keine Aufbruchstimmung wie im Amerika des Joe Biden breitgemacht. Der Direktor des Kölner Max-Planck-Instituts für Gesellschaftsforschung, Jens Beckert, stellt fest: «Über gewollte und erwünschte Wandlungsprozesse wird kaum geredet, und kaum jemand sieht, dass sich Raum für Neues öffnet. In den USA war die neue Regierung offenbar gut vorbereitet und hatte ausgearbeitete Alternativen in der Schublade liegen, die sehr zügig umgesetzt werden, indem der Staat sich stark in die Verantwortung begibt. Biden hat darin die einzige Chance erkannt und ergriffen, die fatale Polarisierung der amerikanischen Gesellschaft zu überwinden. Diese Polarisierung ist gewiss eine Treiberin für Bidens Mut und den jüngsten Aufbruch der Vereinigten Staaten. Die Bundesrepublik hingegen steckt nach den langen Jahren der großen Koalition noch im Mehltau des ewigen Irgendwie-weiter-so fest.»[8]

Stattdessen kündigt sich in Deutschland wieder ein ängstlicher Diskurs an, wo Mut und Zuversicht gefragt wären. Die Finanzpolitik sollte den Aufschwung nach Kräften unterstützen, eine «Long Covid»-Erkrankung der Volkswirtschaft muss ausgeschlossen werden. Es gibt wenig gute Argumente dafür, übereilt auf die Schuldenbremse zu treten. In dem Maße, in dem eine kluge Investitions- und Stabilisierungspolitik dafür sorgt, dass sich die deutsche und europäische Wirtschaft so schnell wie möglich von der Pandemie erholt, kommt dies allen zugute, insbesondere den jungen Generationen in Europa. Das Risiko scheint asymmetrisch: Die Haushaltskonsolidierung um ein bis zwei Jahre nach hinten zu schieben, birgt vergleichsweise geringe Risiken im Vergleich mit einer zu langsamen Erholung. Auch aus finanzpolitischer Sicht spricht vieles dafür, dass es für die Staatsschuldenquote am Ende besser aussieht, wenn wir nicht zu früh aufs Bremspedal treten.

Deutschland hat eine gut diversifizierte und leistungsfähige Wirtschaft und viele gut ausgebildete und kreative Menschen. Die Pandemie wird Narben in der Gesellschaft hinterlassen, es gibt aber keinen Grund, dass das in der Wirtschaft auch so sein muss. Die Digitalisierung wird sich beschleunigen, und in einigen Sektoren wird der Anpassungsbedarf groß sein. Aber wenn die Digitalisierung des Landes vorankommt, dann werden sich über kurz oder lang auch erhebliche Produktivitätseffekte einstellen. In den nächsten Jahren gilt es, die Signale in Deutschland und Europa auf Wachstum zu stellen, um die Krise hinter uns zu lassen. Das Land braucht vor allem mehr private Investitionen, aber auch eine bessere öffentliche Infrastruktur sowie rapide Fortschritte bei der Digitalisierung und beim ökologischen Umbau der Volkswirtschaft. Der Zeitpunkt, diese Dinge anzugehen, ist jetzt. Der globale Kapitalmarkt erlaubt es gerade, das Land zu historisch günstigen Konditionen, die deutlich unter der Wachstumsrate der Volkswirtschaft liegen, zu modernisieren. Gleichzeitig senden deutsche Unternehmen und Haushalte jedes Jahr mehr als 200 Milliarden Euro ins Ausland, obwohl die Renditen auf diese Auslandsanlagen mager und über Jahrzehnte deutlich niedriger waren als im Inland.[9] Auch aus dieser Perspektive ist eine deutsche Investitionsoffensive im Inland sinnvoll.

* * *

Es vergeht kein Tag, an dem nicht über die Kosten der Corona-Pandemie diskutiert wird. Können wir uns das alles wirklich leisten? Keine ökonomische Frage wurde im letzten Jahr häufiger gestellt. Die Antwort ist einfach: ja. Im Pandemie-Jahr 2020 sparten die privaten Haushalte in Deutschland knapp 150 Milliarden Euro allein auf den Bankkonten, obwohl die Zinsen bei null lagen.[10] Viele Ersparnisse in Deutschland und der Welt suchen sichere Anlageformen, wie sie deutsche Staatsanleihen bieten. In der Politik wird zwar der Ruf nach einem neuen Corona-Lastenausgleich lauter, also nach einer Neuauflage jener Vermögensabgabe, die nach dem Zweiten Weltkrieg die Kriegskosten auf viele Schultern verteilte. Doch das wird nicht nötig sein. Der Anstieg der Staatsverschuldung ist beherrschbar, die Tragfähigkeit der Staatsfinanzen gesichert. Der Anstieg entspricht in etwa dem nach der Finanzkrise, aber die Chancen sind groß, dass wir diesmal aus der Pandemie herauswachsen können, wenn wir keine Politikfehler machen. Der deutsche Finanzminister gibt aktuell so wenig für den Schuldendienst aus wie noch nie in der Geschichte.

Natürlich kann sich das niedrige Zinsniveau wieder ändern. Das muss man im Augen behalten und idealerweise die Rückzahlung neuer Schulden sehr weit in die Zukunft legen – 30, 50, 100 Jahre –, um auf dieses Risiko rechtzeitig reagieren zu können. Aber es heißt nicht, dass wir uns die Chance entgehen lassen sollten, welche die gegenwärtige Sparschwemme auf den Weltfinanzmärkten bietet, nämlich mit einem positiven Narrativ nicht nur das Land zu modernisieren, sondern auch die Pandemie hinter uns zu lassen und nach vorne zu schauen. Die eigentliche Frage ist auch hier, ob wir den Mut aufbringen, neue Wege zu gehen, und die Chancen, wenn sie sich bieten, auch pragmatisch nutzen, statt uns wie in der Pandemie in langen Debatten darüber zu verlieren, was alles nicht geht. Auch hier gilt es, den Schalter von «geht nicht» auf «geht doch» umzulegen.

VII. THERAPIE

Die größte Gefahr im Leben ist, dass man zu vorsichtig wird.
Alfred Adler

Dieses Buch ist ein Plädoyer dafür, die Lehren aus der Pandemie ernst zu nehmen und nicht einfach zur Tagesordnung überzugehen. Im besten Fall waren die Versäumnisse und Probleme ein Warnschuss, der gerade noch rechtzeitig kam, um den weiteren Verfall staatlicher Leistungsfähigkeit aufzuhalten und den Trend umzukehren. Zu lange schon hat das Land dem Rückgang von staatlicher Leistungskraft, den schwindenden Fähigkeiten in Bau- und Gesundheitsämtern, in Schulen und Ministerien zugesehen. Mangelnde Digitalisierung und Schwerfälligkeit in Planungs- und Genehmigungsverfahren waren seit langem bekannt. Die Pandemie hat die strukturellen Schwächen im System so deutlich offenbart, dass sie nicht mehr ignoriert werden können.

Wachsende «Staatskapazität» war eine der wichtigsten Voraussetzungen für die industrielle Revolution des 18. und 19. Jahrhunderts. Die Qualität der Verwaltung und die Bereitstellung öffentlicher Güter wie Bildung, Rechtssicherheit und Infrastruktur waren entscheidende Voraussetzungen für den Beginn modernen Wachstums. Die industrielle Revolution fand nicht gegen den Staat, sondern mit ihm statt. Es waren starke Staaten, in denen sich die industrielle Revolution durchsetzte, nicht schwache. Bis heute steht «die Schwäche und der Mangel an Staatskapazität den Entwicklungschancen von armen Ländern fundamental im Weg», wie der MIT-Ökonom Daron Acemoglu und seine Ko-Autoren es formulieren.[1]

Auch im globalen Übergang zu klimaschonender Wirtschaft dürften Kompetenz und Leistungsfähigkeit des Staates zu einem wichtigen Standortfaktor werden. Die Summen, die bewegt werden müssen, sind enorm. Schätzungen der EU-Kommission gehen allein für dieses Jahrzehnt von Kosten für den Green New Deal von 2,6 Billionen Euro aus.[2] Staaten, welche die Transformation besser, schneller und vor allem effizienter hinbekommen, werden nicht nur Technologieführerschaft für sich beanspruchen können, sondern auch einen Wettbewerbsvorteil in der Ökonomie von morgen haben. Es lohnt sich daher, in Staatskapazität zu investieren, auch wenn dies nicht populär ist.

* * *

In einem alten Witz aus Irland fragt ein Tourist einen Einheimischen nach dem Weg nach Dublin. Der Einheimische überlegt kurz, blickt auf die umliegenden Seen, Wälder und Berge und antwortet dann: «Wenn ich an Ihrer Stelle wäre, würde ich nicht von hier aus starten.» Der Witz trifft die Lage in Deutschland ziemlich gut. Wie beschwerlich ein Weg wird, hängt davon ab, wo man anfängt. Es wäre einfacher, wenn wir die Aufgaben, die vor uns liegen, nicht von hier aus angehen müssten. Aber wir haben keine Wahl.

Dabei geht es nicht nur um ein besseres und kostengünstigeres Management künftiger Krisen, die bestimmt kommen werden, sondern vor allem um die großen Fragen, die über unseren künftigen Wohlstand entscheiden: um die Transformation zu einer CO_2-neutralen Wirtschaft, um Wettbewerbsfähigkeit in der digitalen Ökonomie und um einen eigenständigen Platz Deutschlands und Europas zwischen den Wirtschaftsmächten USA und China. In den kommenden Jahren müssen wir unter Hochdruck unser Wirtschaftssystem umbauen, wenn wir Emissionen begrenzen, den Temperaturanstieg verlangsamen und die natürlichen Lebensgrundlagen erhalten wollen.

Diese Transformation ist teuer und komplex, aber unabdingbar. In erster Linie wird es darum gehen, die Rahmenbedingungen richtig zu setzen, insbesondere durch eine effiziente CO_2-Bepreisung, um Emissionen zu reduzieren. Aber der Transformationsprozess ist auch auf die Bereitstellung öffentlicher Güter, auf Risikoübernahmen, Wagnisfinanzierung und Grundlagenforschung angewiesen. So wie ein einzelner Schuh nutzlos ist, braucht auch klimafreundliche Mobilität eine passende Infrastruktur. Begleitende Investitionen sind notwendig, damit es flächendeckend Ladestationen für die Elektroautos gibt. Der Staat hat die Aufgabe, Investitionen anzustoßen, potentielles Marktversagen zu korrigieren, die technologische Entwicklung gezielt zu fördern und industriepolitische Chancen zu nutzen, wo sie sich bieten.

Auch im Hinblick auf die sozialen Auswirkungen der Transformation kommen im Innern große Aufgaben auf den Staat zu. Es ist absehbar, dass steigende Belastungen durch einen höheren CO_2-Preis vor allem einkommensschwache Haushalte treffen werden.[3] Dafür gibt es zwei Gründe. Zum einen geben ärmere Haushalte einen größeren Anteil ihres Einkommens direkt für Energie aus. Der Gelbwesten-Protest in Frankreich, der sich an Benzinpreis-Steigerungen entzündete, zeigt, wie groß und real das Konfliktpotential hier ist. Zum anderen haben auch die Güter, die ärmere Haushalte kaufen, in der Regel größere CO_2-Fußabdrücke als die Güter, die reiche Haushalte erwerben, und werden über längere Distanzen transportiert. Ein steigender CO_2-Preis würde also diese Haushalte besonders treffen. Es wird darauf ankommen, einen sozial verträglichen Ausstieg aus der fossilen Energie zu finden, der Nachhaltigkeit auch in dieser Dimension sicherstellt.

Wir brauchen also einen kompetenten und starken Staat, der die richtigen strategischen Weichenstellungen vornimmt. Und damit brauchen wir genau die Eigenschaften, die dem Staat im Kampf gegen das Corona-Virus fehlten. Einfacher wäre es, wir würden nicht von hier starten.

* * *

Seit Roman Herzogs Ruck-Rede im Berliner Hotel Adlon im April 1997 sind fast 25 Jahre vergangen. Der damalige Bundespräsident beklagte in deutlichen Worten die Erstarrung der Gesellschaft und die Verzagtheit, die sich im Land und insbesondere in der Politik breitgemacht hatten. Die Probleme waren offenkundig, wurden aber nicht angegangen. Es gab 4,3 Millionen Arbeitslose, Globalisierung und Outsourcing nahmen rapide an Fahrt auf und Deutschland drohte im rasanten Tempo der weltweiten Innovationen und Veränderungen unter die Räder zu kommen. Mut und Risikobereitschaft, die Dinge anders zu machen, fehlten. Stattdessen führte das Land ritualisierte Debatten mit sich selbst. Es steckte im Mindset der 1980er Jahre fest, aber die Welt war nicht mehr die gleiche. In Herzogs Worten: «Unser eigentliches Problem ist also ein mentales: Es ist ja nicht so, als ob wir nicht wüssten, dass wir Wirtschaft und Gesellschaft dringend modernisieren müssen. Trotzdem geht es nur mit quälender Langsamkeit voran. Uns fehlt der Schwung zur Erneuerung, die Bereitschaft, Risiken einzugehen, eingefahrene Wege zu verlassen, Neues zu wagen. Ich behaupte: Wir haben kein Erkenntnisproblem, sondern ein Umsetzungsproblem.»[6]

Die Rede fiel in das fünfzehnte und vorletzte Amtsjahr von Helmut Kohl als Bundeskanzler. Erneuerung und Aufbruch lagen zum Zeitpunkt der Rede nicht in der Luft, sondern Erschöpfung und Mattigkeit. Es brauchte noch fünf lange

Jahre, bis wirklich ein «Ruck» durch das Land ging. Eine andere Bundesregierung brachte schließlich die Reformgesetze der Agenda 2010 auf den Weg und gab dem Land den lang erwarteten Modernisierungsschub. Aus dem «kranken Mann Europas» wurde für einige Jahre wieder ein Erfolgsmodell. Auch wenn viel Kritik an den Hartz-Reformen geäußert wurde, ihre symbolische Bedeutung war erheblich. Es bewegte sich wieder etwas.

Es ist erneut an der Zeit für einen Ruck in Deutschland. Es gibt keinen Grund zu trödeln. Die Einsichten aus dem letzten Jahr sind noch frisch: Die Pandemie hat der Gesellschaft einen Spiegel vorgehalten. Wir waren alle Teil eines gesellschaftlichen Großversuchs und haben mit eigenen Augen gesehen, wo die Probleme liegen. Anders als bei den Banken in der globalen Finanzkrise gibt es niemanden, bei dem wir die «Schuld» für das Geschehene abladen können. Die Probleme waren nicht in einem dunklen Winkel des Weltfinanzmarktes versteckt, sondern lagen offen zutage im Gesundheitsamt um die Ecke und in anderen Teilen des Gemeinwesens.

Bis vor wenigen Jahren war das Wort «Resilienz» nur einigen Psychologen und Fans von Selbsthilfe-Büchern ein Begriff. Inzwischen ist es überall zu finden und auf dem Weg, zu einem zentralen Konzept der Sozialwissenschaften zu werden. Die American Psychological Association gibt Menschen in Krisensituationen Empfehlungen mit auf den Weg: eine «Road to Resilience». Der Aufbau von persönlicher Krisenresilienz, so heißt es dort, umfasse die Wahrnehmung der Krise als Chance, die Akzeptanz von Veränderung, eine proaktive Zukunfts- und Zielorientierung, eine bessere Vernetzung mit der Umwelt und die Bereitschaft zu entschlossenem, proaktivem Handeln.[7] Es sind Empfehlungen, die auch für den deutschen Staat hilfreich sein könnten. Vor allem in drei Bereichen müssen wir in Resilienz investieren.

Erstens brauchen wir einen Mentalitätswandel, eine andere Geisteshaltung, im Umgang mit Risiken. Ein großes Missverständnis der deutschen politischen Debatte liegt in dem Glauben, dass wir auf Nummer sicher gehen, wenn wir einfach das machen, was wir schon immer gemacht haben. Das ist ein Irrtum. In einer instabilen und sich rasch ändernden Welt brauchen wir mehr pragmatisches Selbstvertrauen im Umgang mit Risiken. Wie schon zu Helmut Kohls Zeiten liegt das größte Risiko in einem mutlosen «Weiter so.» So attraktiv und beruhigend es sich auch anfühlen mag, nach dem vertrauten Regelbuch zu handeln – letztlich gibt dies nur eine Scheinsicherheit. Denn die Spielregeln ändern sich. Wir werden bereit sein müssen, neue Wege zu gehen, die auch immer Risiken bergen. Das Resilienz-Paradox der Risikogesellschaft liegt gewissermaßen darin, dass wir lernen müssen, neue Risiken einzugehen, um andere, größere Risiken zu vermeiden.

So hätte der Staat bei der Impfstoffproduktion finanzielle Risiken eingehen müssen, um die Herstellung zu beschleunigen. Der Staat ist sicher nicht der bessere Unternehmer. Aber als BioNTech im Dezember 2020 begann, die Produktionslinie in Marburg aufzubauen, die dann halb Europa mit Impfstoff versorgen sollte, hätte der Staat eine zweite Fertigungslinie für ein paar hundert Millionen finanzieren können. Der Staat hätte entscheiden können (und müssen), dass der soziale Nutzen einer zweiten Fertigungslinie groß genug wäre, um BioNTech das finanzielle Risiko abzunehmen. Wenn hier von einem Mentalitätswandel die Rede ist, dann geht es gerade auch um solche Situationen. Denn der Gedanke, mit vergleichsweise kleinen Beträgen an staatlichem Wagniskapital auf Verdacht zusätzliche Produktionsstätten zu finanzieren, stand im Berliner Gesundheitsministerium nicht einmal zur Debatte. Es lag nicht im Bereich des «Denkbaren». Dabei ging es nicht einmal ums Geld. Das Ministerium hatte bekanntermaßen kein Problem damit, Masken für 5,9 Milliarden Euro zu bestellen.[8]

Es war der Gang ins Ungewisse, vor dem das Ministerium zurückschreckte. Es fehlte die Bereitschaft proaktiv Risiken einzugehen, die letztlich zu mehr Sicherheit geführt hätten. Denn mit vermeintlich risikofreiem ministerialen «business as usual» standen wir am Ende ohne Impfstoff da. Die Kosten waren um ein Vielfaches höher. Auch wenn der Staat kein guter Unternehmer ist, heißt das nicht, dass er nicht unternehmerischer werden kann. Er kann sich viel bei Unternehmen abgucken und sich trauen, «Missionen» und Aufgaben zu definieren und zu finanzieren, die er dann Unternehmen wie BioNTech zur Ausführung übergibt. Ein risikobereites Mindset ist auch bei der staatlichen Förderung von Innovationen nötig. Bei der Bundesagentur für Sprunginnovationen, kurz Sprind, ist das Scheitern schon vorprogrammiert, allerdings durchaus mit Sinn und Verstand: Bei radikalen Innovationen liegt es in der Natur der Sache, dass man am Anfang nicht weiß, welcher Ansatz sich durchsetzt. Deshalb schreibt die Agentur Wettbewerbe aus, bei denen unterschiedliche Firmen gefördert werden, aber sich am Ende nur wenige durchsetzen. Dennoch ist das Geld, das an die späteren Verlierer geht, nicht verschwendet, sondern Teil eines sinnvollen Mechanismus, um am Ende der besten Technologie zum Erfolg zu verhelfen. Der Staat übernimmt Risiken, um für die Allgemeinheit das beste Ergebnis herauszuholen.

Ein neues Denken über Risiken verlangt daher auch von der Öffentlichkeit und Journalisten zu verstehen, dass nicht jede staatliche Investition eine Rendite abwerfen kann und dass man bereit sein muss, verschiedene Wettbewerber zu fördern, selbst wenn man weiß, dass am Ende nur einer erfolgreich sein wird. Zumal es im Übrigen auch nicht so ist, dass sich jede betriebswirtschaftliche Investition im Nachhinein lohnt.

Man denke nur an die vielen Milliarden, welche die deutsche Autoindustrie bis vor kurzem in die Dieseltechnologie gesteckt hat. So war etwa die Kritik an den 27 Millionen Euro, die das Land Berlin für den Aufbau zusätzlicher Notfallbetten für Corona-Kranke aufgewendet hat, die dann nicht benötigt wurden, verfehlt.[9] Letztlich war es nichts anderes als eine Versicherungsprämie, die das Land gezahlt hat, um gegen einen schlimmeren Verlauf der Pandemie abgesichert zu sein. Man käme ja auch nicht auf den Gedanken, jemandem, der für eine Krankenversicherung bezahlt, ohne krank zu werden, Verschwendung vorzuwerfen. Nicht nur die Politik, sondern auch die Gesellschaft muss ihre Gegenwartsfixierung aufgeben und sich an ein Kalkulieren mit Wahrscheinlichkeiten gewöhnen – und daran, dass es auch mal schiefgeht. Solche dynamischen Risikoabwägungen mit unvollständigen Informationen sind eine Herausforderung, aber sie sind eine entscheidende Ergänzung des reaktiven und regelfixierten Denkens, das im Land dominiert.

Auch beim Thema öffentliche Investitionen und Staatsfinanzen muss ein gedanklicher Ruck durchs Land gehen. Zum notwendigen Mentalitätswandel gehört, dass wir die ritualisierten Kulturkämpfe um die Schuldenbremse hinter uns lassen. Es herrscht Konsens, dass wir mehr in Digitalisierung und den ökologischen Umbau der Volkswirtschaft investieren müssen. Alle sind sich einig, dass dies essentiell ist für die Zukunft des Landes. Dann sollte dies jetzt auch geschehen, ohne dass die Frage der Finanzierung eine lähmende Wirkung entfaltet. Sollte sie durch eine weitere Aussetzung der Schuldenbremse für einige Jahre erfolgen? Oder lieber durch Investitionsgesellschaften, höhere Steuern oder einen Klima- oder Deutschlandfonds? Jede dieser Lösungen hat Vor- und Nachteile. Entscheidend ist, dass wir über die Diskussion der Finanzierungsoptionen nicht vergessen, dass jede dieser Optionen besser ist, als im Nichtstun zu verharren. Handeln müssen wir. Auch das hatte Roman Herzog schon vor 25 Jahren kritisiert: «Diese Rituale könnten belustigend wirken, wenn sie nicht die Fähigkeit, zu Entscheidungen zu kommen, gefährlich lähmen würden.»

* * *

Die zweite zentrale Investition in Resilienz besteht in der gründlichen Entbürokratisierung und im Upgrade der Infrastruktur des Landes auf so gut wie allen Ebenen: Verwaltung, Daten, Vernetzung von Wissenschaft und Politik. Auch diese Problematik stellt sich nicht zum ersten Mal. Die Veröffentlichung von Ulrich Becks Buch «Risikogesellschaft» löste schon in den 1980er Jahren eine Debatte unter Soziologen und Staatsrechtlern um die Voraussetzungen für staatliches Risikomanagement aus. In der von Beck skizzierten Dynamik der Risikogesellschaft musste der Staat eine Steuerungskapazität und adaptive Fähigkeiten entwickeln. Zentrale Bausteine dafür sind eine gute Datengrundlage, eine leistungsfähige Verwaltung und die Vernetzung von Politik und Wissenschaft.

Die deutsche Wissenschaft gab in der Pandemie ein ausgezeichnetes Bild ab. Die mRNA-Impfstoffe sind die Stars der Pandemie, und Deutschland ist dank Uğur Şahin und Özlem Türeci weltweit führend. Christian Drosten und sein Team verschafften dem Land einen frühen Vorsprung bei Infektionsnachweisen. An der Exzellenz der naturwissenschaftlichen Grundlagenforschung in Deutschland gibt es wenig Zweifel und sogar die Übersetzung in «marktreife» Produkte hat diesmal gut funktioniert. Besser werden muss die Einbindung wissenschaftlicher Erkenntnisse in die politische Entscheidungsfindung.

Dafür müssen wir zunächst kritisch hinterfragen, was wir schon haben. Denn es fehlt ja nicht an Beiräten, Kommissionen, Organisationen und Institutionen. Selbst die Insider im Wissenschaftssystem können manchmal den Überblick verlieren, was es so alles gibt. Auffällig ist aber, dass die wissenschaftlichen Beiräte der Ministerien in der Pandemie keine große Rolle gespielt haben und der Großteil der wissenschaftlichen Politikberatung außerhalb dieser Gremien oder in Talkshows stattfand. Die Ursachen hierfür liegen auch in einer überholten Idee des unabhängigen Expertentums, das große Distanz zu politischen Entscheidungsträgern wahrt. Statt Wissenschaft dynamisch in Entscheidungsprozesse einzubinden, herrscht in vielen Bereichen die Idee vor, dass Wissenschaftler von außen und aus sicherer Entfernung in einem weisen Gutachtenton sagen, was grundsätzlich und überhaupt richtig ist. Dieses Modell hat keine Zukunft. Politik und Wissenschaft müssen in Zukunft enger zusammenarbeiten. Die Wissenschaft muss direkter und in Echtzeit in den Entscheidungsprozess «eingebettet» werden.

So ist es etwa in den USA in der Wirtschaftspolitik schon seit langem ganz selbstverständlich, dass sich der Präsident «sein» Team an Ökonomen zusammenstellt, die dann im Council of Economic Advisors (CEA) eng in die Regierungsarbeit eingebunden sind und die Wirtschaftspolitik, gerade in Krisenzeiten, entscheidend mitgestalten. Die Liste der ehemaligen Mitglieder des amerikanischen CEA liest sich wie ein «Who is Who» der Wirtschaftswissenschaften. Herausragende Köpfe wie Martin Feldstein, Joseph Stiglitz, Laura Tyson, Greg Mankiw oder Christina Romer gehörten dem CEA an. Das deutsche Gegenmodell hierzu ist ein unabhängiger Sachverständigenrat, der einmal im Jahr weit weg im schönen Wiesbaden ein großes Gutachten schreibt, das dann der Bundesregierung überreicht wird. Für eine flexible, adaptive und schnelle Krisenpolitik taugt ein solches Modell nicht.

Auch in Großbritannien ist in der Pandemie viel schiefgelaufen und die Nation wird ihr eigenes «soul searching» zu betreiben haben. An den vorhandenen Strukturen zur Einbindung der Wissenschaft in die Politik lag dies aber nicht. Im Gegenteil, in den entscheidenden Momenten, insbesondere bei der Impfkampagne, konnte sich das Land auf eine kompetente und proaktive Risikoeinschätzung stützen. Anders als in Deutschland gab es Institutionen, die bereitstanden, um nationale Krisenfälle zu managen und die im Ernstfall auf gebündelte Expertise zurückgreifen konnten. Bei der anstehenden Reform der deutschen Politikberatung sollte man daher diese Erfahrungen unbedingt im Auge behalten. Denn der Blick über den Kanal nach England zeigt ein anderes Verständnis des Krisenmanagements, dank dem der Austausch zwischen Politik und Wissenschaft besser funktionierte.

***

Die dritte Resilienz-Baustelle betrifft einen Bereich, der bisher eher am Rande zur Sprache kam, weil es hier vor allem um die deutsche Politik in der Krise ging. Viele Länder haben in der Pandemie die Erfahrung gemacht, dass in einer globalisierten Wirtschaft die Abhängigkeit vom Ausland sogar bei überlebenswichtigen Dingen wie Impfstoffen, Beatmungsgeräten oder Masken sehr hoch sein kann. Die Frage der Resilienz betrifft vor diesem Hintergrund die Frage, wie sehr man in künftigen Notfällen wieder von anderen Ländern abhängig sein will.

Die Problematik liegt auf der Hand. Auf der einen Seite ist die internationale Arbeitsteilung für alle Beteiligten vorteilhaft. Wir können Produkte aus dem Ausland günstiger beziehen, als wir sie selbst herstellen könnten. Globalisierung und Handel sind gerade für eine Exportnation wie Deutschland eine wichtige Grundlage des Wohlstands. Es wäre ökonomisch enorm kostspielig, diese Vorteile aufzugeben und die Produktion komplett «nach Hause» zu holen. Auf der anderen Seite bedeutet internationale Arbeitsteilung auch, dass wir abhängig werden von Lieferketten und Vorprodukten aus anderen Ländern. Wenn es – wie in der Pandemie – zu einer Krise kommt, die alle betrifft und in der alle zur gleichen Zeit die gleichen Dinge brauchen, werden fast alle Regierungen zuerst an ihre eigene Bevölkerung denken. Auch Deutschland erließ zwischenzeitlich Ausfuhrbeschränkungen für Schutzanzüge und Atemmasken. Das zeigt: Freihandel, Lieferketten und Verträge werden in einer Notsituation zweitrangig. In der Krise ist sich erst einmal jeder selbst der nächste. Regierungen greifen in den Handel ein, was beim Handelspartner zur Erfahrung der Abhängigkeit beiträgt und schnell als Bedrohung wahrgenommen wird. Die resultierenden Konflikte – man denke nur an die Drohung der EU-Kommission die Impfstofflieferungen nach Großbritannien zu blockieren – werden schnell zu außenpolitischen Scharmützeln.

Inwiefern ist Resilienz in einer arbeitsteiligen, globalisierten Welt überhaupt auf nationaler Ebene realisierbar? Und in welchem Raum lässt sich der Zielkonflikt zwischen den positiven Effekten internationaler Arbeitsteilung und der notwendigen Versorgungssicherheit in Krisensituationen lösen?

Aus deutscher Sicht spricht vieles dafür, dass dieser «Resilienzraum» Europa heißt. Im kontinentalen Binnenmarkt der EU lassen sich die Vorteile von Handel mit der Sicherheit verbinden, die sich durch das gemeinsame Regelwerk und die politische Integration unter dem Dach der EU ergibt. Gleichzeitig ist der Binnenmarkt groß genug, um arbeitsteilig zu produzieren. Insbesondere die politischen Friktionen sind innerhalb der EU geringer als bei Beziehungen mit anderen Staaten, und es gibt ein gemeinsames Interesse, diese Solidargemeinschaft auch zu erhalten. Insofern ist die Antwort auf die Frage – wie halten wir es mit Europa? – aus der Perspektive der

Resilienz eindeutig: Die Antwort lautet mehr, nicht weniger Europa. Angesichts der geopolitischen Umwälzungen in der Welt muss Deutschland in der Zukunft seine Wette auf Europa weiter erhöhen. Denn wir steuern mehr und mehr auf eine Welt zu, in der die G3, also die USA, China und die EU, in strategisch sensitiven Kernbereichen jeweils für sich zunehmend autark werden.

Natürlich darf man diese neue Abschottung nicht übertreiben und muss Augenmaß bewahren. Denn zum einen werden nicht alle künftigen Schocks alle Länder gleichzeitig betreffen, wie das bei der Pandemie der Fall war. Wenn die Krisen regional begrenzt sind, kann die Diversifizierung globaler Lieferketten sogar stabilisierend wirken. Dennoch sollte eine vorausschauende Politik darauf hinarbeiten, dass Europa in wichtigen Kernbereichen medizinischer und technologischer Produktion die notwendigen Kapazitäten im Binnenmarkt behält oder aufbaut. Das gilt in gewissem Umfang für die Chip-Produktion ebenso wie für pharmazeutische Güter und deren Vorprodukte. Natürlich kostet das etwas. Aber auch hier greift der Versicherungsvergleich: Diese Kosten sind letztlich eine Versicherungsprämie, die uns im Notfall viel höhere Ausfälle erspart. Auch eine stärkere finanzielle Resilienz, vor allem im Hinblick auf die andauernde Abhängigkeit des europäischen Finanzsektors vom US-Dollar, muss zu den künftigen Aufgaben der Politik gehören. Durch die Stärkung des europäischen Kapitalmarkts, die Vollendung der Kapitalmarktunion und der Bankenunion können diese Schwachstellen reduziert werden.

Aber auch hier gilt, dass es einfacher wäre, wir würden nicht von hier starten müssen. Durch den europäischen Stabilisierungsfonds gelang es zwar, den wirtschaftlichen Schock der Pandemie abzufedern, ohne dass einzelne Länder in finanzielle Schwierigkeiten gerieten und ihre Handlungsfähigkeit verloren. An den Finanzmärkten herrschte seitdem Ruhe. Sie zweifeln nicht mehr am Willen der Europäer die Krise gemeinsam durchzustehen. Europäische Solidarität und Risikoteilung haben hier gezeigt, welchen Beitrag sie für Stabilisierung und Resilienz leisten können.

Aber bei der Impfstoffbeschaffung wurde eine große Chance vertan, dem Ruf nach «mehr Europa» durch erfolgreiches Handeln Nachdruck und Legitimität zu verschaffen. Brüssel ist, als es «darauf ankam», nicht in die Bresche gesprungen. Die daraus resultierende Enttäuschung könnte in den nächsten Jahren zur Unzeit zu einer Bürde werden. Denn allein und auf sich gestellt kann Deutschland das Ziel der Resilienz nicht erreichen.

***

Enttäuschung – und damit die Gefahr von Legitimationsverlust– findet sich nicht nur im Verhältnis zu Europa. Auch der deutsche Staat hat in der Pandemie Federn gelassen. Frustration über das staatliche Krisenmanagement, Vertrauensverlust und Entfremdung sind in weiten Teilen der deutschen Bevölkerung zu beobachten, auch und gerade in der bürgerlichen Mitte.

Schon vor der Pandemie war das Vertrauen in die Demokratie in vielen Ländern deutlich gesunken.[10] In den USA und Frankreich zeigten sich knapp 60 Prozent der Bürger unzufrieden damit, wie die Demokratie in ihren Ländern funktionierte. In Großbritannien, Italien und Spanien waren es sogar über zwei Drittel. Deutschland stand mit 36 Prozent Unzufriedenen zwar noch ganz gut da, aber es ist zu befürchten, dass sich diese Zahlen im Laufe der Pandemie deutlich verschlechtert haben und wir zu den anderen Ländern aufschließen.

Die Gefahr ist real, dass die Entzauberung des Staates in eine Legitimationskrise führt. Mehr als zuvor sind wir daher im nächsten Jahrzehnt auf Kompetenz und Weitsicht der Politik angewiesen. Kann der Staat all das leisten, was er leisten müsste, um das Vertrauen zurückzugewinnen und die vielfältigen Ansprüche und Anforderungen zu erfüllen? Kann er sich durch Erfolge legitimieren und der wachsenden Unzufriedenheit etwas entgegensetzen? Man mag sich die politischen Konsequenzen nicht ausmalen, wenn die ökologische Transformation zu einem weiteren Stolperweg würde.

Der größte Fehler bestünde jetzt darin, die Erfahrung der Pandemie einfach abzuhaken, zum Alltag überzugehen und sich damit zufrieden zu geben, dass Deutschland im internationalen Vergleich gar nicht «so» schlecht durch die Krise gekommen ist. Wir müssen den Warnschuss ernst nehmen. Wenn das Gemeinwesen Enttäuschung und Vertrauenslust nicht verarbeitet und in couragierte Reformen übersetzt, dann drohen eine Verschärfung von Ressentiments sowie eine zunehmende Ablehnung und Aushöhlung der Demokratie. Das Drehbuch für populistische Erfolgsgeschichten nach Legitimationsverlust des «alten» Systems ist längst geschrieben. Dann würde das gesamte Gemeinwesen an «Long Covid» erkranken, und die politischen und ökonomischen Kosten wären enorm. Die größte Gefahr liegt heute darin, dass der deutsche Michel in den Trott des «Weiter so» zurückfällt – und die lauten Signale für Aufbruch und Veränderung ignoriert.

Für lange Zeit gab es ein unausgesprochenes wirtschaftspolitisches Credo: Im Zweifelsfall ist es am besten, wenn der Staat nichts macht, denn dann kann er auch nichts falsch machen. Die Pandemie hat nachdrücklich aufgezeigt, dass das zu wenig ist. Sie hat unmissverständlich vor Augen geführt, wie sehr wir einen vorausschauenden, flexiblen und risikobereiten Staat brauchen – in Deutschland ebenso wie auf europäischer Ebene. Das wird im nächsten Jahrzehnt darüber entscheiden, ob die ökologische und digitale Transformation gelingt und wir in Zukunft nachhaltig in Wohlstand leben können.

ANMERKUNGEN

I. EINLEITUNG

1 Digitalisierung in Deutschland – Lehren aus der Corona-Krise, Gutachten des Wissenschaftlichen Beirats beim Bundesministerium für Wirtschaft und Energie (BMWi); https://www.bmwi.de/Redaktion/DE/Publikationen/Ministerium/Veroeffentlichung-Wissenschaftlicher-Beirat/gutachten-digitalisierung-in-deutschland.pdf?__blob=publicationFile&v=4.
2 ‹We are a laughing stock›: Covid-19 and Germany's political malaise, Financial Times, 31.3.2021; https://www.ft.com/content/bc5a3b02-a90d-4206-a441-1bada29feba2; eigene Übersetzung.
3 Gabor Steingart, Bundesregierung: 5 Anmerkungen zum epidemischen Versagen; https://de.linkedin.com/pulse/bundesregierung-5-anmerkungen-zum-epidemischen-gabor-steingart.
4 Podcast vom 5.4.2021; https://www.youtube.com/watch?v=03ksvjoTsgY.
5 Bruno Latour, Is This a Dress Rehearsal?, Critical Inquiry 47 (Winter 2021); https://critinq.wordpress.com/2020/03/26/is-this-a-dress-rehearsal/.
6 Vgl. https://www.bpb.de/internationales/weltweit/innerstaatliche-konflikte/266613/klimawandel-als-risikomultiplikator-und-konflikttreiber.
7 Adam Tooze, The Sociologist Who Could Save Us From Coronavirus, Foreign Policy, August 1, 2020; https://foreignpolicy.com/2020/08/01/the-sociologist-who-could-save-us-from-coronavirus/.

II. VATER STAAT IN DER KRISE

1 Vgl. Vision Europe Summit, Europas Sozialstaaten, 2015; https://www.bertelsmann-stiftung.de/de/en/publications/publication/did/europas-sozialstaaten-zeit-zum-handeln.

2 Berthold Kohler, Merkels Passionsspiele, Frankfurter Allgemeine Zeitung, 26.3.2021; https://www.faz.net/aktuell/politik/fraktur/corona-osterruhe-merkel-verdient-fuer-entschuldigung-einen-oscar-17263349.html.
3 In der Sendung vom 2.4.2021.
4 Markus Feldenkirchen, Multiples Politikversagen, Spiegel Online, 23.3.2021; https://www.spiegel.de/politik/deutschland/corona-chaos-in-deutschland-multiples-staatsversagen-kommentar-a-2647f186-883e-4823-8cc4-9a0b3de38af9.
5 Ronald Hamowy, Government and Public Health in America, London 2007, S. 251.
6 Milton Friedman, The Great Depression Myth, PBS 1980; https://www.youtube.com/watch?v=dgyQsIGLt_w.

III. DAS LAND DER BEGRENZTEN MÖGLICHKEITEN

1 Kerstin Bruckmeier, Andreas Peichl, Martin Popp, Jürgen Wiemers, Timo Wollmershäuser, Macroeconomic Shocks in Real Time: A Novel Method Applied to the Covid-19 Crisis in Germany, CESifo Working Paper No. 8748, 2020.
2 Thilo Albers, Charlotte Bartels, Moritz Schularick, The Distribution of Wealth in Germany, ECONtribute Policy Brief; https://econtribute.de/RePEc/ajk/ajkpbs/ECONtribute_PB_001_2020.pdf.
3 Bis 2021 ist Deutschlands Verwaltung komplett digital, Handelsblatt, 13.9.2017.
4 Vgl. https://info.worldbank.org/governance/wgi/.
5 Vgl. Öffentliche Infrastruktur in Deutschland: Probleme und Reformbedarf. Gutachten des Wissenschaftlichen Beirats beim Bundesministerium für Wirtschaft und Energie; https://www.bmwi.de/Redaktion/DE/Publikationen/Ministerium/Veroeffentlichung-Wissenschaftlicher-Beirat/gutachten-oeffentliche-infrastruktur-in-deutschland.html.
6 Ebd.
7 Deutsche Gesellschaft für Internationale Zusammenarbeit, Deutschland in den Augen der Welt, 2018; https://www.giz.de/de/weltweit/63559.html.
8 Derek Thompson, What's Behind South Korea's COVID-19 Exceptionalism?, The Atlantic, 6.5.2020; https://www.

theatlantic.com/ideas/archive/2020/05/whats-south-koreas-secret/611215/.
9 Ebd.
10 Vgl. https://www.mebis.bayern.de/infoportal/mebis_support/dienst-e-mail-kurzeinfuehrung/.
11 WEKA MEDIA GmbH & Co. KG, Warum braucht es Betriebsanweisungen?; https://www.weka.de/arbeitsschutz-gefahrstoffe/betriebsanweisung/#Warum_braucht_es_Betriebsanweisungen.
12 Ludger Wössmann, Folgekosten ausbleibenden Lernens: Was wir über die Corona-bedingten Schulschließungen aus der Forschung lernen können; https://www.ifo.de/DocDL/sd-2020-06-woessmann-corona-schulschliessungen.pdf.
13 Sascha Lobo, Der deutsche Geiz ist schuld am Impfdebakel, Spiegel Online, 3.2.2021; https://www.spiegel.de/netzwelt/netzpolitik/coronakrise-der-deutsche-geiz-ist-schuld-am-impfdebakel-kolumne-von-sascha-lobo-a-a79eace4-43d4-41a5-8d3a-de4f36846921.
14 Vgl. https://www.bundesfinanzministerium.de/Monatsberichte/2020/01/Inhalte/Kapitel-6-Statistiken/6-1-12-entwicklung-der-Staatsquote.html.
15 Vgl. https://www.wirtschaftsdienst.eu/inhalt/jahr/2019/heft/5/beitrag/schuldenbremse-investitionshemmnis-oder-vorbild-fuer-europa.html.
16 Siehe hierzu die Stellungnahme der Leopoldina-Kommission zu den ökonomischen Auswirkungen der Corona-Pandemie, im Erscheinen.
17 Vgl. Öffentliche Infrastruktur in Deutschland: Probleme und Reformbedarf. Gutachten des wissenschaftlichen Beirats beim Bundesministerium für Wirtschaft und Energie; https://www.bmwi.de/Redaktion/DE/Publikationen/Ministerium/Veroeffentlichung-wissenschaftlicher-Beirat/gutachten-oeffentliche-infrastruktur-in-deutschland.html, S. 40.
18 Moritz Schularick, Jens Südekum, Schulden müssen kommende Generationen nicht belasten, Frankfurter Allgemeine Zeitung, 28.12.2020; https://www.faz.net/aktuell/wirtschaft/schulden-muessen-kommende-generationen-nicht-belasten-17120418.html.

IV. WIRTSCHAFT UND GESUNDHEIT

1 Thomas Schulz, Wir brauchen einen harten Lockdown – sofort!, Spiegel Online, 29.3.2021; https://www.spiegel.de/wirtschaft/corona-pandemie-warum-wir-jetzt-einen-harten-lockdown-brauchen-a-9947db36-883b-4abe-ade4-5e646d175b17.
2 Vgl. Miquel Oliu-Barton, Bary S R Pradelski, Philippe Aghion, Patrick Artus, Ilona Kickbusch, Jeffrey V Lazarus, Devi Sridhar, Samantha Vanderslott, SARS-CoV-2 elimination, not mitigation, creates best outcomes for health, the economy, and civil liberties, The Lancet, 21.4.2021; https://doi.org/10.1016/S0140-6736(21)00978-8.
3 Vgl. für die deutsche No-Covid-Strategie: Menno Baumann, Markus Beier, Melanie Brinkmann, Dirk Brockmann, Heinz Bude, Clemens Fuest, Denise Feldner, Michael Hallek, Ilona Kickbusch, Maximilian Mayer, Michael Meyer-Hermann, Andreas Peichl, Elvira Rosert, Matthias Schneider, Eine neue proaktive Zielsetzung für Deutschland zur Bekämpfung von SARS-CoV-2; https://www.ifo.de/DocDL/Fuest_etal_2021_proaktive_Bekaempfung_SARS-CoV-2_Handlungsoptionen.pdf.
4 Benjamin Born, Alexander Dietrich, Gernot Müller, The lockdown effect: A counterfactual for Sweden, PlosOne, 16(4), 2021; https://pubmed.ncbi.nlm.nih.gov/33831093/.
5 Vgl. Our World in Data; https://ourworldindata.org/.
6 Chae Won Baek, Peter B. McCrory, Todd Messer, Preston Mui, Unemployment Effects of Stay-at-Home Orders: Evidence from High Frequency Claims Data; https://direct.mit.edu/rest/article/doi/10.1162/rest_a_00996/97731/Unemployment-Effects-of-Stay-at-Home-Orders.
7 William Maloney, Temel Taskin, Determinants of Social Distancing and Economic Activity during COVID-19; https://elibrary.worldbank.org/doi/abs/10.1596/1813-9450-9242.
8 Raj Chetty, J.N. Friedman, N. Hendren, M. Stepner und das Opportunity Insights Team, How did COVID-19 and stabilization policies affect spending and employment? A new real-time economic tracker based on private sector data; https://www.nber.org/papers/w27431.
9 Vgl. Sergio Correia, Stephan Luck, Emil Verner, Pandemics depress the Economy, Public Health Interventions Do Not: Evidence from the 1918 Flu; http://dx.doi.org/10.2139/ssrn.3561560.

10 Vgl. https://www.cnn.com/2020/03/19/business/pandemic-insurance-coronavirus/index.html.
11 Vgl. Thilo Albers, Charlotte Bartels, Moritz Schularick, The Distribution of Wealth in Germany, ECONtribute Policy Brief; https://econtribute.de/RePEc/ajk/ajkpbs/ECONtribute_PB_001_2020.pdf.
12 Instagram-Post vom 21.3.2021; https://www.instagram.com/doc.caro.holzner/.
13 Bei Markus Lanz, 30.4.2021.
14 Vgl. https://assets.publishing.service.gov.uk/government/uploads/system/uploads/attachment_data/file/949505/annex-a-phe-report-to-jcvi-on-estimated-efficacy-of-single-vaccine-dose.pdf.
15 Early rate reductions of SARS-CoV-2 infection and COVID-19 in BNT162b2 vaccine recipients, The Lancet; https://doi.org/10.1016/S0140-6736(21)00448-7.
16 Delaying a COVID vaccine's second dose boosts immune response, Nature; https://www.nature.com/articles/d41586-021-01299-y.
17 Vgl. https://www.jmwiarda.de/2021/04/28/die-datenerhebungs-katastrophe/.
18 Olaf Gersemann, Wer mehr weiß, kann sich mehr Freiheiten erlauben. Wir wissen fast nichts, Die Welt, 17.3.2021; https://www.welt.de/wirtschaft/article228499349/Corona-Tests-Wer-mehr-weiss-kann-sich-mehr-erlauben-Wir-wissen-nichts.html.
19 Vgl. https://www.jmwiarda.de/2021/04/28/die-datenerhebungs-katastrophe/.

V. WARP SPEED

1 Jens Spahn im Interview mit der FAS vom 31.1.2021; https://www.bundesgesundheitsministerium.de/presse/interviews/interviews/faz-310121.html.
2 Ebd.
3 Vgl. https://www.mdpi.com/2076-393X/9/1/3/pdf.
4 Jan Werner Müller, Short Cuts: Blame Brussels, London Review of Books, 22.4.2021; https://lrb.co.uk/the-paper/v43/n08/jan-werner-mueller/short-cuts.
5 Moritz Schularick, Gustav Oertzen, Warum wir jetzt über

Kriegswirtschaft sprechen müssen, Spiegel Online, 23.12.2020; https://www.spiegel.de/wirtschaft/warum-wir-jetzt-ueber-kriegswirtschaft-sprechen-muessen-a-724a2dd7-b2b2-45c8-8adf-8d736752153f.
6 Moritz Schularick, Wir können die Impfstoffproduktion beschleunigen – wenn wir uns trauen, Spiegel Online, 1.2.2021; https://www.spiegel.de/wirtschaft/wir-koennen-die-impfstoff-produktion-beschleunigen-wenn-wir-uns-trauen-a-47e1cdec-2397-4711-92dd-b401f757ba05.
7 Vgl. https://www.handelsblatt.com/unternehmen/industrie/coronavirus-da-ist-noch-luft-nach-oben-biontech-bietet-mehr-impfstoff-an/27113102.html?ticket=ST-8808475-i2UdRYQW-g2odajooHhoJ-ap2.
8 Moritz Schularick, Gustav Oertzen, So kann es doch noch funktionieren, Die Zeit, 11.2.2021; https://www.zeit.de/wirtschaft/2021-02/corona-impfstoff-produktion-impfgipfel-politik.
9 Caroline de Gruyter, Industrial Policy Saved Europe's Vaccine Drive, Foreign Policy; https://foreignpolicy.com/2021/05/10/industrial-policy-saved-europes-vaccine-drive/.
10 Vgl. https://www.kas.de/de/einzeltitel/-/content/die-rolle-des-staates-in-der-sozialen-marktwirtschaft.
11 Stephanie Ettmeier, Alexander Kriwoluzky, Moritz Schularick, Fatal Austerity: The Economic Consequences of Heinrich Brüning, Arbeitspapier im DFG-Schwerpunktprogramm «Erfahrung und Erwartung», 2021.
12 «Politik braucht eine Mission». Interview mit Mariana Mazzucato, Die Zeit, 7.3.2019; https://www.zeit.de/2019/11/mariana-mazzucato-oekonomin-industriepolitik-staat-innovationen. Siehe auch ihr Buch, Mission Economy. A Moonshot Guide to Changing Capitalism, New York 2021.
13 Anthony Giddens, The Politics of Climate Change, Cambridge 2011.
14 Vgl. https://www.umweltbundesamt.de/daten/verkehr/emissionen-des-verkehrs#das-mehr-an-pkw-verkehr-hebt-den-fortschritt-auf.

VI. DAS ZWEITE MAL ALS FARCE

1 Anthony Giddens, The Politics of Climate Change, Cambridge 2011.
2 Adam Tooze, Crashed. How a Decade of Financial Crisis Changed the World, New York 2018, S. 427.
3 Christoph Trebesch, Jeromin Zettelmeyer, Mitu Gulati, The Greek debt restructuring: an autopsy, Economic Policy, 1.7.2013, S. 513–563; https://doi.org/10.1111/1468-0327.12014.
4 Roberto Perotti, The human side of austerity: health spending and outcomes during the Greek crisis, Economic Policy, 4.2.2021; https://doi.org/10.1093/epolic/eiab001.
5 Vgl. https://www.imf.org/en/publications/weo/weo-database/2021/April.
6 Vgl. https://www.npr.org/2020/05/06/849996451/what-hamburgs-missteps-in-1892-cholera-outbreak-can-teach-us-about-covid-19-resp.
7 Matt Craven, Adam Sabow, Lieven van der Veken, Matt Wilson, Not the last pandemic: Investing now to reimagine public-health systems; https://www.mckinsey.com/industries/public-and-social-sector/our-insights/not-the-last-pandemic-investing-now-to-reimagine-public-health-systems#.
8 «Unsere Gesellschaft ist keine einheitliche Herde». Interview mit Jens Beckert, Die Zeit, 17.4.2021; https://www.zeit.de/kultur/2021-04/soziale-ungleichheit-corona-krise-jens-beckert-soziologie/komplettansicht.
9 Franziska Hünnekes, Moritz Schularick, Christoph Trebesch, Exportweltmeister: The Low Returns on Germany's Capital Exports; https://cepr.org/sites/default/files/news/FreeDP_Jul18.pdf.
10 Vgl. Heike Mai, Pandemie erhöht Sparinzidenz, Deutschland Monitor, Deutsche Bank Research, 12.5.2021.

VII. THERAPIE

1 Daron Acemoglu, Isaías N. Chaves, Philip Osafo-Kwaako, James A. Robinson, Indirect rule and state weakness in Africa: Sierra Leone in comparative perspective. National Bureau of Economic Research, 2014, S. 1; https://www.nber.org/system/files/chapters/c13443/revisions/c13443.revo.pdf.

2 Veronika Grimm, Corona und das Klima – Ein Streifzug, Heinrich-Böll-Stiftung, 3.5.2021; https://www.boell.de/de/2021/05/03/corona-und-das-klima-ein-streifzug?dimension1=division_oen.
3 Michael Jacob, Ottmar Edenhofer, Klimapolitik. Ziele, Konflikte, Lösungen, München 2019.
4 Vgl. https://www.pewresearch.org/global/2020/02/27/satisfaction-with-democracy/.
5 Manuel Funke, Christoph Trebesch, Moritz Schularick, Die Kosten des Populismus, Ökonomenstimme; https://www.oekonomenstimme.org/artikel/2021/04/die-kosten-des-populismus-lehren-aus-der-geschichte/.
6 https://www.spiegel.de/politik/deutschland/roman-herzog-die-ruck-rede-im-wortlaut-a-1129316.html.
7 Vgl. https://www.apa.org/topics/resilience.
8 Vgl. https://www.aerzteblatt.de/nachrichten/119874/Schutzmasken-5-7-Milliarden-bestellt-567-Millionen-ausgeliefert.
9 Vgl. https://www.welt.de/politik/deutschland/article231308835/Berliner-Notfallkrankenhaus-27-Millionen-Euro-Kosten-kein-einziger-Patient.html.
10 Vgl. https://www.pewresearch.org/global/2020/02/27/satisfaction-with-democracy/.

Aus dem Verlagsprogramm

384 Seiten | Gebunden | ISBN 978-3-406-77346-4

Der brillante Wirtschaftshistoriker Adam Tooze analysiert die Pandemie im Kontext der anderen großen globalen Krisen unserer Zeit, von der weiter schwelenden Finanzkrise über die Klimakrise bis zur Flüchtlingskrise. «Welt im Lockdown» ist eine tiefenscharfe Diagnose der Gegenwart und ein Buch, aus dem man lernen kann, wie die globalisierte Welt funktioniert, in der wir heute leben.

C.H.BECK
WWW.CHBECK.DE